La thérapie
par les couleurs

Nous dédions ce livre avec gratitude à Lynne Lauren, en reconnaissance de ses dons exceptionnels.

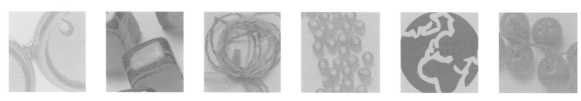

La thérapie
par les couleurs

Jonathan Dee
et Lesley Taylor

Catalogage avant publication de Bibliothèque et Archives Canada

Dee, Jonathan

   La thérapie par les couleurs : symbolisme, utilisation et action thérapeutique des couleurs

   Traduction de : Colour therapy.

   Comprend un index.

   ISBN 2-89466-114-2

   1. Chromothérapie. 2. Couleur - Aspect psychologique.
3. Symbolisme des couleurs. I. Taylor, Lesley. II. Titre.

RZ414.6.D4314 2005   615.8'312 C2005-940731-X

Infographie : Carl Lemyre

Titre original : *Colour Therapy*
        D & S Books, Devon
        England

Copyright © 2002 D & S Books
Copyright © 2005 Éditions du Roseau, Montréal
        pour la traduction française :
        Chantal Simon

ISBN 2-89466-114-2

Dépôt légal : Bibliothèque nationale du Québec, 2005
        Bibliothèque nationale du Canada, 2005

Distribution : Diffusion Raffin
        29, rue Royal
        Le Gardeur (Québec)
        J5Z 4Z3
        Courriel : diffusionraffin@qc.aira.com

Site Internet : http://www.roseau.ca

Imprimé en Chine

Table des matières

La couleur est présente dans toutes les dimensions de notre vie : elle améliore notre humeur, nous redonne le moral, influe sur nos émotions, notre comportement, la perception que nous avons de nous-mêmes et d'autrui, ainsi que notre mode de pensée et nos attitudes conscientes ou subconscientes. Pour utiliser les couleurs de manière optimale, il nous faut bien comprendre leur impact psychologique sur nos choix en matière de décoration, de mode vestimentaire, de travail et d'environnement. Une fois ces aspects maîtrisés, la couleur peut contribuer à influencer notre vie de manière positive.

● *La couleur est omniprésente.*

Le rouge

Le rouge est dynamique, énergisant et stimulant sur le plan physique. De toutes les couleurs, le rouge est celle qui a le plus grand impact émotionnel. Les émotions qui lui sont associées vont de la passion, de l'amour et de la luxure à la colère, à la rage et au meurtre. Le rouge peut être chaleureux et sécurisant mais aussi osé et dangereux. Il s'avère un excellent remontant et est une aide précieuse pour quiconque aspire à une plus grande confiance en soi.

● *Le rouge peut symboliser la passion et l'intensité de la colère.*

● *Les enfants sont souvent attirés par les objets de couleur rouge.*

En décoration, le rouge est associé à la splendeur; pensons par exemple aux salles de théâtre de l'ère victorienne tapissées de velours rouge somptueux. Dans un foyer, le rouge est recommandé pour la décoration du salon, car il crée une atmosphère chaleureuse douillette. Toutefois, un excès de rouge peut exciter. Lorsqu'on leur demande de choisir, les jeunes enfants sont invariablement attirés par le rouge; des tests ont toutefois montré qu'ils deviennent facilement turbulents et irritables dans une salle de classe peinte en rouge.

Dans la symbolique orientale, le rouge était considéré comme la couleur de la bonne fortune, bien avant l'avancée du communisme dans les années 1940. En Russie, le rouge symbolisait la fierté nationale longtemps avant de devenir le symbole de la révolution. La place centrale de Moscou est appelée Place Rouge depuis le règne d'Ivan le Terrible au XVIe siècle.

● *Le rose représente la douceur et la féminité.*

L'intensité et le dynamisme du rouge s'atténuent radicalement lorsqu'il est mélangé au blanc pour donner le rose. Couleur plus douce, le rose est associé au genre féminin et aux fleurs, particulièrement à la rose. Le rose n'a aucune connotation négative : lorsque vous voyez la vie en rose, tout va pour le mieux.

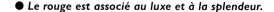

● *Le rouge est associé au luxe et à la splendeur.*

● *Souvent associé à la peau, le rose évoque l'instinct parental.*

Le rose

De nombreuses teintes de rose sont considérées sexy, cette couleur étant souvent associée à celle de la peau. C'est ainsi qu'elle évoque également de manière inconsciente l'instinct parental. Toutefois, utilisé avec excès ou mauvais goût, le rose peut avoir un effet débilitant sur le plan physique.

Le rose est une couleur souvent utilisée pour la chambre à coucher et favorise la détente physique et le sommeil. Il importe cependant d'y ajouter du bleu ou du vert, sinon on risque de manquer d'entrain en se levant le matin.

● *Le rose est une couleur relaxante qui convient bien à la chambre à coucher et est particulièrement rafraîchissante lorsque mélangée à du bleu ou du vert.*

Le bleu

Le bleu est associé au ciel et aux océans, ainsi qu'à leur immensité apaisante. On l'associe également à l'intellect et à la guérison. C'est la couleur la plus populaire dans le domaine de la mode et de la décoration. Le port de vêtements bleu pâle favorise la douceur et la réflexion; les tons de bleu plus foncés dénotent, quant à eux, efficacité et autorité, tel qu'en témoigne l'usage répandu du bleu foncé et du bleu marine pour les uniformes des policiers, des sapeurs-pompiers et des pilotes. Par ailleurs, la toile de jean (ou denim), que l'on trouve dans tous les tons de bleu, du bleu délavé à l'indigo foncé, a la faveur de la mode juvénile et a radicalement changé notre perception du bleu.

● *Le bleu est associé au ciel.*

De manière inconsciente, le bleu insuffle calme et pensée logique dans notre monde stressant. C'est la couleur pacifiste par excellence : calme, ordonnée et apaisante. Le bleu favorise l'introspection et l'effort mental. Sous son aspect négatif, cette couleur évoque la tristesse et la dépression, d'où l'expression « avoir le blues ».

● *Quelle que soit sa couleur, la toile de jean est associée à la mode juvénile.*

● *Le bleu est associé à l'immensité de la mer.*

● *Le jaune est associé à l'automne.*

Le jaune

Le jaune est la couleur qui réfléchit le plus la lumière. Il stimule l'esprit et met en valeur l'ego, la créativité et l'optimisme. Lumineux, éclatant, audacieux et extraverti, le jaune est la couleur du soleil et de l'or. Couleur fondamentale du printemps et de l'automne, le jaune est associé à l'attrait, tant dans la nature que dans la mode, comme en témoigne l'engouement pour les cheveux blond platine.

En décoration, le jaune illumine et égaye une pièce. Il est toutefois recommandé de choisir avec soin la nuance de jaune utilisée, surtout pour les gens travaillant auprès de personnes fragiles sur le plan émotionnel, tels que les thérapeutes et les assistants sociaux, cette couleur stimulant à la fois les émotions positives et négatives.

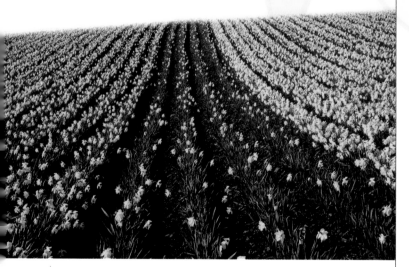

● *Le jaune est la couleur du printemps.*

Le vert

Le vert favorise l'équilibre psychique. C'est la couleur la plus reposante pour les yeux, car elle ne nécessite aucun ajustement de la rétine lorsque nous la fixons. Le vert est connu pour encourager une attitude mentale positive; étant la couleur du feuillage, il procure un sentiment de stabilité et de sécurité. Le vert émeraude est à la fois équilibrant et revigorant, comme le sont les verts tirant sur le jaune. Le mot « vert » est devenu synonyme d'environnement et d'altruisme.

● *Le vert est apaisant, équilibrant et revigorant.*

Il ne faut toutefois pas oublier que le vert a une double connotation puisqu'il exprime également le contraire de l'équilibre, à savoir les émotions dangereuses de la jalousie et de l'envie. Cette dualité du vert se retrouve également dans le domaine de la santé : nous mangeons des légumes verts pour nous maintenir en bonne santé; cependant, les médicaments couramment prescrits sont rarement de couleur verte en raison d'une vieille association avec le poison. Sur le plan psychologique, l'être humain est à la fois attiré par le vert et réfractaire à cette couleur. En raison de ces messages contradictoires, il est recommandé de choisir avec grand soin les tons de vert que vous souhaitez utiliser dans votre décor.

● *Le vert est associé à la santé et tout particulièrement à une alimentation saine.*

L'orange

L'orange a des qualités comparables à celles du jaune, quoique d'une intensité moindre : c'est une couleur gaie, chaleureuse, extravertie et expansive. À la croisée du rouge et du jaune, l'orange n'en a pour autant pas l'impact. Il est souvent considéré avec le jaune comme une couleur « vive ».

Apparenté au rouge, l'orange favorise la passion physique. Il évoque également les instincts de survie liés à la nourriture, à l'abri, à la chaleur, au confort et à la sécurité. L'orange peut varier considérablement et il est bon de connaître ses différentes connotations : l'orange terne peut irriter et faire bon marché dans le domaine de la mode, voire créer une sensation de privation physique en décoration; un ton pur et riche, au contraire, évoque l'opulence et la sensualité.

● *Souvent associé au jaune en décoration, l'orange fait gai sans être stimulant à l'excès.*

Le brun

Le brun, apparenté à l'orange, est lié au confort et à la sécurité. C'est la couleur de la terre, une couleur puissante et pratique.

● *Le brun peut symboliser la puissance et la richesse de la terre.*

Nous revêtons nos maisons de briques brun orangé, brunissons notre nourriture en la faisant frire et, malgré les nombreuses mises en garde, une peau bronzée est encore instinctivement associée à une santé éclatante. Le brun évoque également un sentiment de luxe de par son association avec des articles tels que le chocolat, le thé et le café de qualité. Il est intéressant de noter que les adultes sont plus attirés par les tons cuivrés et métalliques que les enfants, ce qui laisse supposer que cet attrait constitue en fait une réponse acquise aux objets de valeur.

En dépit de sa connotation sécurisante liée à la terre, le brun a également des aspects négatifs. Depuis des siècles, les peintres utilisent le brun pour évoquer la tristesse. Le terme « brun » lui-même connote la mélancolie et la morosité, tandis que l'expression moderne anglaise « browned off » exprime l'exaspération.

● *La couleur de la lavande est l'une des teintes de violet et de pourpre les plus relaxantes.*

Violet et pourpre

Le rouge et le bleu sont à l'opposé l'un de l'autre sur le spectre et évoquent des caractéristiques opposées sur les plans physique, émotionnel et symbolique. Toutefois, la couleur issue de leur combinaison, le violet, est associée à la spiritualité. Le pourpre est depuis des siècles associé à la royauté et à la religion du fait qu'il était la teinture la plus coûteuse à produire. Sur le plan psychique, le violet et le pourpre sont réputés pour favoriser une réflexion paisible et dénoter l'estime de soi.

● *Une peau bronzée exerce toujours une grande attraction.*

● *Le gris est associé à l'industrialisation.*

Le gris

Le gris est la seule couleur complètement neutre et est utilisé pour cette caractéristique dans la mode. Cette couleur a souvent une connotation négative et est associée à la tristesse – grisaille du ciel, industrialisation et ombres douteuses. Dans une veine plus positive, le gris dénote la sagesse et l'intellect (étant associé à la « matière grise » du cerveau). Par ailleurs, il peut évoquer la confusion et l'indétermination comme dans l'expression « ni blanc ni noir ».

Le noir

Notre perception du noir dépend en grande partie des circonstances et de notre culture. Sur le plan spirituel, le noir est considéré comme une couleur protectrice; dans le monde de la mode, il représente l'élégance et, dans le domaine des voitures et de la décoration intérieure, il confère une aura de luxe et de chic.

● *Le noir est souvent associé à la mort et au deuil.*

Toutefois, dans le monde occidental, le noir est le plus souvent considéré comme une couleur négative en raison de son association avec la mort et le deuil. Il évoque également l'obscurité, la peur de l'inconnu et l'occulte (« magie noire »). Sous l'angle purement décoratif, le noir absorbe la lumière et peut donc encourager les mauvaises humeurs.

● *Côté mode, le noir représente élégance et raffinement.*

Le blanc

L'opposé du noir, le blanc évoque la propreté, la pureté et l'aspiration. Reflétant tout le spectre optique, le blanc est associé à la lumière pure. Très peu de connotations négatives sont attachées au blanc dans la culture occidentale, bien qu'il soit la couleur traditionnelle de la mort et du deuil dans d'autres parties du monde.

Cependant, un visage « blanc comme un drap » traduit un piètre état de santé et de l'anémie. Le blanc peut également être considéré comme insipide et dépourvu de passion. En décoration, il peut s'avérer une couleur dure et exigeante.

● *Le blanc est associé à la pureté.*

chapitre 1 | Le symbolisme des couleurs

La conscience des couleurs est si inhérente à l'être humain qu'à travers les siècles, elles ont acquis de nombreuses associations symboliques. Cette habitude d'imprégner les couleurs de divers attributs a donné lieu à une abondance de significations. Le rouge est la couleur de la colère et de la passion, le vert peut porter malchance, le jaune dénote la lâcheté et ainsi de suite. Les pages suivantes vous dévoileront les secrets du symbolisme du spectre optique.

À travers l'histoire, le symbolisme de la couleur a influencé notre façon de percevoir divers aspects de la vie, les situations émotionnelles, la nature et autrui. Les superstitions et la sagesse populaire établie exercent leur action sur notre code vestimentaire, notre décor et la manière dont nous considérons certaines parties de la société. La couleur a de tout temps été utilisée pour dénoter la classe, le luxe, les tendances de la mode, la santé et la sexualité.

Le rouge

Le rouge est un symbole de l'aristocratie et des habits royaux. Il fut adopté pour la chasse au renard lorsque Henri II conféra à celle-ci le statut de sport royal. Dérouler le tapis rouge, au sens propre comme au sens figuré, est considéré comme la plus grande marque de respect qui soit. Le drapeau rouge figure la révolution et, en Chine, le rouge symbolise le Sud, où s'amorça la révolution communiste.

Le rouge est souvent utilisé pour représenter la sexualité et les organes génitaux féminins. Dans l'Angleterre et l'Amérique puritaines, la femme « de mauvaise vie » était marquée d'une lettre écarlate; plus tard, le « red light » désigna le quartier des prostituées.

Le port du rouge était considéré comme approprié au combat car cette couleur est liée au cœur et à la chair. L'utilisation du rouge pour les uniformes militaires traditionnels avait pour effet de remonter le moral des troupes et permettait de camoufler le sang versé.

● *Le rouge était considéré comme une couleur appropriée pour les uniformes militaires.*

Le rouge symbolise le sang versé avec violence. L'expression « avoir du sang sur les mains » réfère à l'individu qui a commis des crimes. Cette association avec le sang implique toutefois une association avec la vie elle-même. C'est pourquoi de nombreux groupes tribaux attribuent au rouge des pouvoirs magiques.

● *Le rouge peut symboliser le sang.*

Les alchimistes considéraient le rouge comme la clé de toute la connaissance, le signe qu'ils avaient enfin trouvé la pierre philosophale, qui conférait à son détenteur le pouvoir de transformer un métal vil en or.

● *Le rouge était un signe que l'alchimiste avait réussi à muer un métal vil en or.*

● *Le rose symbolise la féminité.*

Le rose

Le rose symbolise la santé et l'abondance, et suggère qu'on domine la situation, ce que rend bien l'expression « voir la vie en rose ». Le rose figure également la féminité et les bébés de sexe féminin.

Le bleu

Bien qu'en Grande-Bretagne, on associe le rose à la fillette et le bleu au garçon, il est coutume en France de vêtir les filles de bleu, couleur du manteau de la Vierge Marie. Comme son nom le suggère, le bleu roi représente la royauté, référant au statut de la Vierge en tant que Reine des Cieux.

Le bleu symbolise la hiérarchie religieuse depuis la Grèce et la Rome antiques, civilisations qui vénéraient Zeus et Jupiter dans des panthéons bleus. Cette couleur fut également adoptée comme symbole de l'armée unioniste lors de la guerre de Sécession américaine; elle est encore utilisée par des forces policières et militaires à travers le monde.

Le bleu symbolise les échelons supérieurs de la société britannique depuis qu'en 1348, le roi Édouard III plaça une jarretière bleue (portée à l'origine par la comtesse de Salisbury) autour de son genou et créa l'ordre de chevalerie le plus élevé en Angleterre. Le bleu y fut par la suite associé aux plus grands honneurs. Le Derby, la course hippique la plus prestigieuse du pays, est également symbolisé par un ruban bleu. L'expression « Cordon bleu »

● **Le bleu est la couleur de nombreux uniformes.**

remonte à la fondation en France, au XVIe siècle, de l'Ordre des Chevaliers du Saint-Esprit. La croix de cette distinction était suspendue à un ruban ou cordon bleu. L'expression s'est alors appliquée à une personne qui excelle dans son domaine. Être de « sang bleu » signifie appartenir à l'aristocratie ou à la famille royale.

Le bleu a également des connotations péjoratives. L'expression anglaise

« blue gown » (robe bleue) était souvent utilisée pour décrire une prostituée, du fait que les prostituées incarcérées étaient contraintes de porter une robe bleue révélant la nature de leur crime. Toujours dans la langue anglaise, les « blue movies » (films bleus) et le « blue humour » (humour bleu) réfèrent à un contenu pornographique. Par ailleurs, le bleu servait souvent à décrire un individu ivre. Le bleu exprime égale-

● *On parle souvent du « blues » pour décrire un état de mélancolie.*

ment la tristesse, comme dans l'expression « avoir le blues »; d'où la nature mélancolique et émouvante de la musique blues.

Le jaune

Le jaune symbolise la lumière et est associé à une situation positive, ce qui ne l'empêche cependant pas d'avoir de nombreuses connotations négatives.

Le vert

Le vert était traditionnellement porté lors des mariages en guise de symbole de fertilité (par contre, certaines croyances anciennes y voyaient une couleur peu favorable à de telles cérémonies). Dans la mythologie égyptienne, le vert représentait Osiris, dieu très puissant associé à la fois à la végétation nourricière et à la mort.

Bien que le terme « vert » désigne maintenant la conscience de l'environnement, ce qualificatif fut pendant des siècles utilisé de manière péjorative pour décrire une personne inexpérimentée ou naïve.

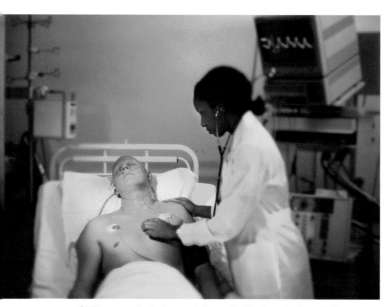

● **On associe le jaune à la maladie depuis des siècles.**

Depuis le Moyen Âge, le jaune est associé à la maladie. Il évoque également la lâcheté. Aux siècles derniers, cette couleur devint liée à la littérature scandaleuse (ou « préjudiciable » aux yeux des autorités). Un journal illustré américain intitulé « The Yellow Kid » (Le petit Jaune) est à l'origine de l'expression « presse jaune » désignant un journal à sensation et vulgaire. De même, dans l'Angleterre du XIXᵉ siècle, la locution « roman jaune » référait à des romans pornographiques à couverture jaune et généralement importés de manière illégale.

● **On associe le vert à la végétation nourricière.**

Le mauve, ton pâle du violet, peut évoquer la sensualité. Le terme apparenté « mauviette » est utilisé pour décrire une personne timide, récalcitrante ou manquant de confiance en elle. Sur le plan spirituel, le violet symbolise l'illumination.

● *Le pourpre peut évoquer le vin et la décadence.*

● *Le gris peut symboliser les émanations polluantes.*

Le gris

Le gris est la couleur de la poussière et des toiles d'araignée ainsi que de la fumée et des cendres. Il symbolise les idées embrouillées et la confusion.

L'orange

La couleur orange est symboliquement associée à la sexualité. Pendant la Restauration anglaise de 1660, ce terme désignait en argot les organes génitaux féminins. Les artistes de cette période se servaient allègrement de cette couleur et on la retrouve souvent dans les tableaux à caractère érotique. En Occident, une coutume veut que les jeunes mariées se parent de fleurs d'oranger comme symbole de fertilité.

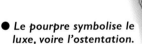

● *Le pourpre symbolise le luxe, voire l'ostentation.*

Le violet et le pourpre

Le pourpre dénote le luxe et est prisé par la royauté. Dans la liturgie chrétienne, le pourpre représente le mystère de la passion du Christ et symbolise Pâques, tout particulièrement le mercredi des Cendres et le Samedi saint. Il peut toutefois également être considéré comme ostentatoire, étant la couleur du vin et de la décadence.

● *Le blanc est une couleur populaire auprès des mariées car il représente l'innocence et la pureté.*

Le noir et le blanc

Le blanc et le noir symbolisent le bien et le mal, la lumière et l'obscurité. Le blanc est synonyme d'innocence et de pureté, d'où la tradition du port du blanc chez les jeunes mariées, symbole de leur virginité. Les artistes recourent souvent au blanc, notamment aux fleurs ou aux oiseaux blancs, pour exprimer la pureté d'un personnage.

Les colombes blanches sont traditionnellement utilisées en peinture et en littérature pour symboliser la paix. Le blanc, de par son association avec la lumière du soleil, représente la sainteté et la lumière divine.

● *Les fleurs blanches symbolisent souvent la pureté.*

● *En dépit de leurs connotations contraires, le noir et le blanc sont associés.*

Le noir est associé à l'occultisme et à la « magie noire », qui font peur aux âmes chrétiennes (comme dans la majeure partie de l'Europe occidentale aux siècles derniers). La tradition occidentale d'attribuer au noir des aspects négatifs date de l'époque des Croisades qui opposèrent les chevaliers chrétiens blancs aux guerriers musulmans et qui donnèrent lieu à un racisme violent, à des génocides et à une méfiance en Europe à l'égard de tout ce qui est noir.

Le noir a souvent une connotation négative, comme en témoigne l'expression « mouton noir », désignant la personne gênante ou indésirable dans un groupe, ainsi que « humeur noire », « se faire des idées noires », « regarder quelqu'un d'un œil noir », « travailler au noir », « être sur la liste noire », etc.

Le noir a tout de même de nombreuses connotations positives, notamment dans les cultures non occidentales où le blanc représente les mêmes choses que le noir ailleurs dans le monde. Dans les cultures occidentales, le noir figure souvent une force spectaculaire, le mystère et un pouvoir pouvant être utilisé pour le bien ou le mal.

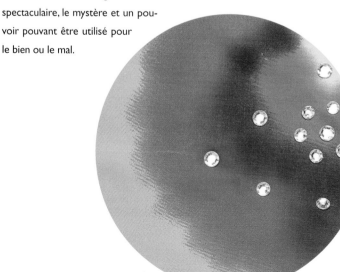

chapitre 2 **L'utilisation de la couleur**

La couleur étant dotée d'un riche symbolisme, son utilisation en matière de décoration et de mode vestimentaire a toujours revêtu une très grande importance. L'art oriental ancien du feng shui inclut des recommandations strictes sur les effets bénéfiques des couleurs ainsi que sur les éléments et les directions qui leur sont associés. Le champ électromagnétique, ou aura d'une personne, révèle sa nature profonde par le biais des couleurs tandis que les centres d'énergie, ou chakras, sont tous identifiés à une couleur spécifique. Les couleurs jouent également un rôle en astrologie; on les retrouve dans les signes du zodiaque ainsi que dans les pierres et fleurs qui leur sont associées.

Les couleurs feng shui

L'énergie électromagnétique qu'est le chi, ou « souffle de vie », imprègne tout dans l'univers et comporte deux forces opposées appelées « yin » et « yang », symbolisées par le noir et le blanc. Le blanc représente le yang, ou force masculine – chaude–, alors que le noir symbolise le yin, ou force féminine – froide.

Les quatre animaux célestes

Dans la philosophie feng shui, les quatre animaux célestes que sont le dragon, le tigre, la tortue et le phénix sont liés aux quatre points cardinaux : le nord, le sud, l'est et l'ouest. Chacun de ces animaux est associé à au moins une couleur. Ils représentent également des formations géographiques ou paysages et sont dotés d'un symbolisme philosophique et psychologique.

Le dragon, figure par excellence de la bonne fortune, de la propriété et de l'abondance, symbolise l'énergie masculine du yang. Associé à l'est, au printemps et à la couleur verte, il est souvent appelé « dragon vert ». En Chine, le vert et le bleu étant souvent interchangeables, la description aaaa « dragon azuré » est également acceptée.

Le tigre, puissant symbole de la protection, est l'opposé du dragon, et vient l'équilibrer; il représente donc l'énergie féminine du yin. Le tigre est associé à l'ouest et à l'automne. La couleur qui lui est associée est le blanc; c'est ainsi qu'on parle souvent du tigre blanc.

La tortue représente le nord et symbolise le soutien, la stabilité et la longévité. Elle est associée à l'hiver et à la couleur noire.

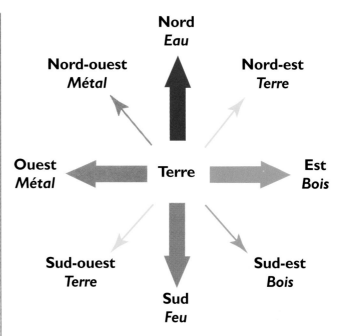

Le phénix qui renaît de ses cendres est un très puissant symbole de chance. Le rouge, couleur de son feu, en est venu à représenter le phénix lui-même. On associe cet animal à l'été et au sud.

Les cinq éléments

En feng shui, chaque point cardinal est associé à un élément, à savoir l'eau, le bois, le feu, la terre ou le métal. Comme il existe huit directions (avec le sud-est, le sud-ouest, le nord-est et le nord-ouest) mais seulement cinq éléments, les éléments bois, terre et métal sont reliés à plus d'une direction.

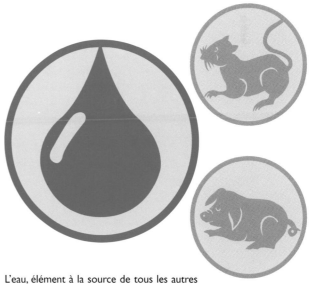

L'eau, élément à la source de tous les autres éléments, a pour fonction principale le renouvellement. Elle symbolise la richesse et est associée au nord, à l'hiver et aux couleurs noir et bleu foncé. Cet élément est symboliquement relié au chiffre un et aux signes du zodiaque chinois du rat et du cochon.

Le bois est relié à l'est et, dans une moindre mesure, au sud-est. On l'associe aux plantes et aux fleurs ainsi qu'à la couleur verte et aux signes zodiacaux du tigre et du lapin.

Les couleurs de la terre, l'élément stable qui nous soutient et sur lequel nous pouvons compter, sont le brun et le jaune. Ces couleurs sont principalement associées au sud-ouest mais aussi au nord-est ainsi qu'au centre. Les saisons liées à la terre sont le printemps et l'automne et les signes zodiacaux animaliers qui lui sont associés sont le bœuf, le dragon, le mouton ou la chèvre, et le chien.

Le puissant élément du feu est relié au sud et à tous les tons de rouge et d'orange. Il est donc également associé à la lumière et aux bougies, ainsi qu'aux signes du cheval et du serpent.

Les couleurs du métal sont le blanc, l'or et l'argent. Cet élément est associé au nord-ouest et à l'ouest, ainsi qu'à l'automne. Il est également relié aux signes du coq et du singe. Le métal symbolise l'abondance et la réussite financière; quand il est utilisé avec excès, cependant, il peut favoriser l'agressivité en matière financière, et la cupidité.

Tirer parti des propriétés de ces éléments dans votre foyer constitue un aspect fondamental du feng shui. En combinant les couleurs associées aux cycles élémentaux et aux points cardinaux, vous pouvez renforcer ou atténuer les effets des éléments. De la même manière, vous pouvez utiliser des objets symboliques : des objets constitués de l'élément en question et de la couleur appropriée.

Les couleurs et l'aura

Le champ énergétique humain – aura – peut s'étendre jusqu'à 6 mètres environ et est perçu comme des contours lumineux qui ondulent autour du corps. Le contour de l'aura change constamment de forme, de taille et de couleur selon les pensées et les émotions de l'individu. Pour voir les couleurs de l'aura, vous devez détendre votre regard et le porter un peu au-delà de la personne que vous observez, un peu comme si vous ajustiez votre vision pour regarder une image d'un casse-tête en 3D ou « Œil magique ». Certaines personnes constatent qu'elles peuvent utiliser leur intuition et visualiser intérieurement l'aura et les couleurs qui la composent.

Interprétation des couleurs de l'aura

Le rouge est généralement signe de colère, d'anxiété ou de ressentiment, ainsi que de soucis financiers, voire d'obsession en la matière.

Le rose pâle ou vif dénote le bonheur, l'amour et la compassion et peut indiquer une relation amoureuse nouvelle ou ranimée. Il peut également signaler la clairaudience (capacité à entendre les voix des défunts, des guides spirituels ou du moi supérieur).

Le rose terne ou foncé peut révéler une tendance immature ou malhonnête.

L'orange indique une nature sociable et extravertie, un tempérament créatif et artistique, des émotions intenses et une forte sexualité. Il est également présent dans l'aura d'individus en proie à un stress dû à une dépendance, qu'il s'agisse de nourriture, de drogues ou d'alcool.

Le jaune pâle indique une conscience spirituelle ou psychique en éveil. Il signale aussi une attitude positive, l'optimisme, l'espoir ou l'enthousiasme suscité par de nouvelles idées.

Le jaune citron vif indique une peur de perdre le contrôle dans une relation, qu'il s'agisse des affaires ou de la vie privée. On la retrouve dans l'aura d'individus qui se démènent pour conserver pouvoir, prestige et respect.

Le jaune or brillant signale l'éveil spirituel et l'inspiration.

Le jaune brun ou or foncé indique un individu aux études ou en période de formation. Il peut également apparaître dans l'aura d'une personne analytique au point d'en être stressée.

Le vert émeraude vif indique que le sujet est un guérisseur, soit à titre professionnel tel un médecin, soit en tant que personne dotée d'un don naturel pour la guérison, comme un guérisseur spirituel. Il se peut qu'il ne soit pas conscient de ses aptitudes en la matière.

Une aura vert émeraude au bout des doigts dénote des « mains guérisseuses » ou un grand amour pour autrui.

Le vert terne ou foncé reflète le ressentiment et la jalousie. Une personne ayant une telle aura peut être décrite comme une « victime » : elle manque d'assurance et de confiance en elle. Elle a probablement un sens très limité de la responsabilité personnelle et est très sensible à la critique.

Le bleu pâle annonce l'intuition, l'honnêteté ainsi qu'une personnalité expressive.

Le bleu royal indique la clairvoyance et un sens très élevé de la spiritualité et de la générosité.

Le bleu terne ou foncé signale généralement une peur de dire la vérité et de s'exprimer, ainsi qu'une crainte de l'avenir.

Le pourpre dénote la spiritualité. Une aura rouge violacé indique la clairaudience.

Une aura pourpre tirant sur le bleu signifierait que l'archange Michel est présent dans le champ aurique de la personne.

Une teinte pourpre sombre indique un besoin désespéré d'amour et d'attention.

Associé au blanc, le pourpre reflète la vérité et la pureté. Lorsque des étincelles de lumière blanche illuminent l'aura d'une femme, il est probable qu'elle soit enceinte ou sur le point de le devenir.

Le noir indique généralement la nécessité de résoudre de vieux problèmes relatifs au pardon ainsi que la présence d'entités négatives dans le champ énergétique, les chakras ou le corps physique de la personne. Il peut également signaler des blessures datant de vies antérieures. Si l'aura d'une femme présente du noir dans la région des ovaires, cela peut indiquer un chagrin non résolu à la suite d'une fausse couche ou d'un avortement.

Des bandes aux couleurs de l'arc-en-ciel qui jaillissent de la tête, des mains ou du corps indiquent l'émerveillement et l'espérance. Elles peuvent indiquer que la personne possède un don de guérison, mais aussi qu'une âme vit sa première incarnation sur la Terre.

Les couleurs et les chakras

Des centaines de centres d'énergie sont présents à l'intérieur et autour de notre corps et sont influencés par nos pensées. Ces centres sont appelés « chakras », terme signifiant « roue » en sanskrit. On les compare à des ventilateurs dont les lames se chevauchent. Ils sont associés à des couleurs qu'ils rayonnent et absorbent.

NEUVIÈME

HUITIÈME

SIXIÈME ET SEPTIÈME

CINQUIÈME

QUATRIÈME

TROISIÈME

DEUXIÈME

PREMIER

Les voyants et guérisseurs s'intéressent surtout aux neuf chakras. Chacun de ces chakras se situe à proximité d'une glande endocrine. Ils font circuler l'énergie vitale (ou chi) dans le corps, recevant et émanant constamment de l'énergie. Chaque chakra correspond à un type de pensée et de question qui nous préoccupe, tel que le travail et les finances, le mode de vie, les relations, les objectifs et aspirations, ou l'avenir. Ces centres d'énergie doivent être dégagés et « tourner » librement si nous voulons conserver notre équilibre émotionnel, physique et spirituel.

Si vous aspirez à l'amour et à l'harmonie dans votre vie, vos chakras doivent fonctionner correctement et vous apporter énergie, optimisme et motivation. Lorsque vous entretenez des sentiments de peur, d'amertume, de jalousie ou toute autre forme d'attitude négative, le chakra correspondant prendra une couleur terne et sa taille se réduira ou augmentera. La méditation aide généralement à libérer les chakras. Voici l'emplacement des principaux chakras :

Le premier chakra se situe à la base de la colonne vertébrale et est appelé chakra racine. En tournant, il émet une couleur rouge rubis. Il est associé à la sécurité physique, aux instincts de survie tels que la nourriture, l'abri et la chaleur, ainsi qu'aux besoins matériels de base.

Le deuxième chakra, le chakra sacré, se situe dans l'abdomen, à environ huit ou dix centimètres au-dessous du plexus solaire. Il tourne un peu plus rapidement que le chakra racine et diffuse une couleur orange vif. Ce chakra est relié aux désirs physiques et aux émotions. Il se rapporte aux plaisirs de la chair, à la nourriture et la recherche de sensations fortes. Il est également associé aux dépendances et aux habitudes corporelles, gain de poids, santé, exercice, sommeil et apparence physique.

Le troisième chakra principal, ou chakra du plexus solaire, se situe juste au-dessus du nombril et tourne plus rapidement que le chakra sacré. Il est influencé par la pensée et les émotions et émet une couleur jaune vif.

Ce chakra est le centre du pouvoir et du contrôle de soi et d'autrui.

Le quatrième chakra, celui du cœur, est associé à l'amour et à la réalisation de l'unité universelle. Le cœur est le premier des chakras supérieurs et tourne à une vitesse de moyenne à rapide. Il est en résonance avec la couleur vert émeraude, ainsi que le rose. Le chakra du cœur réagit aux pensées et aux émotions relatives aux relations : famille, amoureux, amis, collègues, employeurs, professeurs, pairs ou étrangers.

L'amour sous toutes ses formes (romantique, platonique et divin, ainsi que l'amour du moi supérieur) a pour centre le chakra du cœur. Ce chakra important a également affaire aux obsessions en matière de relations, de dépendance affective ou de rapports dysfonctionnels, de pardon ou d'incapacité de pardonner. Ce chakra est la composante fondamentale du développement de la clairsentience.

Le cinquième chakra, ou chakra de la gorge, se situe à la hauteur de la pomme d'Adam. Il tourne rapidement et émet la couleur bleu ciel. Ce chakra est relié à la communication et à la capacité de dire la vérité, à soi-même ou à autrui. C'est le chakra de la créativité, en art visuel, chant, écriture, *channelling*, enseignement ou autre.

Les sixième et septième chakras se situent dans la tête, juste au-dessus des oreilles. Leur couleur est le bordeaux ou rouge violacé. Les chakras des oreilles sont associés non seulement à la communication avec le Divin et à la clairaudience mais aussi à tout ce qui s'entend ou a été entendu, y compris les expressions personnelles (généralement répétées), les excès verbaux, l'énergie musicale et les bruits de l'environnement.

Le huitième chakra principal est communément appelé « troisième œil ». Il est de forme ovale et se situe entre les yeux. Il tire son nom de l'œil en son centre qui émet une couleur bleu indigo profond. Ce troisième œil est tourné vers l'intérieur, et ouvre sur notre identité; c'est l'œil de notre moi supérieur. Ce chakra enregistre tout ce que nous ressentons, pensons et faisons. Selon certains, ce « film de notre vie » nous est présenté lors de notre passage à un plan d'existence supérieur.

Le chakra du troisième œil concerne notre relation avec l'avenir ainsi qu'avec le passé, y compris nos vies antérieures. Il est également relié à nos croyances sur le monde spirituel ainsi qu'à la peur ou au désir de voir des anges ou des apparitions. Un chakra du troisième œil libre de tout obstacle permet une connexion très forte avec le moi supérieur.

Le chakra coronal, neuvième et dernier chakra, se situe juste au sommet de la tête et ressemble à un ventilateur de plafond d'une riche couleur pourpre. C'est le centre de réception associé à la « clairconnaissance », c'est-à-dire à la capacité de recevoir des informations et des idées provenant de l'inconscient collectif ou de l'esprit divin. Ce chakra est souvent très actif chez les individus créatifs qui tirent leur inspiration du cosmos. Il est associé à la religion ou à la spiritualité, à notre relation avec Dieu et les guides spirituels. Ce chakra est également relié à la foi profonde de recevoir des informations du plan éthérique.

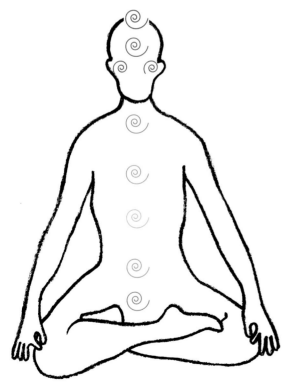

Pour maintenir notre équilibre physique, émotionnel et mental, il est recommandé de purifier régulièrement nos chakras pour s'assurer qu'ils fonctionnent correctement et que leurs couleurs gardent leur éclat.

La relation étroite entre les couleurs et les signes astrologiques s'exprime tant dans le symbolisme de chaque signe du zodiaque que dans les pierres, les fleurs et les métaux auxquels celui-ci est relié. Les couleurs qui correspondent aux signes représentent les inclinations de leur personnalité ainsi que leur humeur et leur disposition mentale. Les parties du corps sont également associées à un signe et, par là, à une couleur spécifique.

Bélier

Le Bélier est représenté par le rouge vif, qui relie ce signe de feu à la planète qui le gouverne, Mars, dieu de la guerre, du sang et de l'agression. Le rouge est également la couleur associée au mardi, « jour de Mars », et correspond aux parties du corps du Bélier, telles que la tête et les yeux, qui sont vulnérables. Le nombre propice au signe du Bélier est le un et les pierres qui lui sont bénéfiques sont l'héliotrope et le diamant. Ce signe est également associé au chèvrefeuille et au fer.

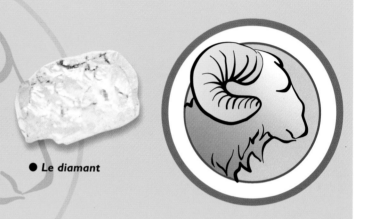

● *Le diamant*

Taureau

Le signe du Taureau est associé au vert et au rose; l'animal qui lui correspond, le taureau, représente la force, l'endurance et la sexualité. Le lien avec les verts de la nature est très fort, le Taureau étant le premier signe de terre. Le Taureau est régi par la planète Vénus, d'où son association avec l'amour et le rose, la couleur de l'amour et de l'émotion. Les parties du corps vulnérables pour ce signe sont la mâchoire inférieure, la gorge, la glande thyroïde et le cou. Le jour le plus favorable au Taureau est le vendredi (traditionnellement dédié à la déesse Vénus qui donna son nom à sa planète). Le nombre propice au Taureau est le deux et fleurs qui lui sont associées sont la rose, le coquelicot, la violette, le trèfle et la digitale. Les pierres qui correspondent à ce signe sont la topaze, le saphir et l'émeraude. Son métal est le cuivre.

● *La rose rouge*

Gémeaux

Le signe des Gémeaux est associé au jaune, couleur de la pensée et de l'activité mentale. On dit cependant que le jaune a une double nature, représentée par les jumeaux symboliques de ce signe. La planète qui le gouverne est Mercure et le mercredi est un jour particulièrement propice à l'énergie mentale. Les zones vulnérables chez les Gémeaux sont la partie supérieure du système respiratoire, les bras et les épaules. Le nombre propice à ce signe est le trois et les fleurs qui lui sont associées sont le muguet, l'orchidée, la lavande et le glaïeul. Le métal qui lui correspond est le mercure et sa pierre est l'agate.

● *L'orchidée*

Cancer

La Lune est la planète du Cancer, qui régit également le principe féminin, les voyages et la mer. Les parties du corps associées à ce signe sont les poumons, la poitrine et l'estomac. Le jour le plus propice au signe du Cancer est le lundi, et les couleurs qui le représentent incluent le blanc, l'argent et le blanc nacré. Les pierres qui lui portent chance sont donc la perle et le nacre. Les fleurs liées au signe du Cancer sont le lotus, les fleurs des champs et l'acanthe. Son nombre porte-bonheur est le quatre, et son métal, l'argent.

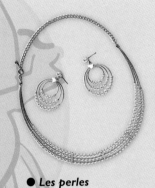

● *Les perles*

Lion

Régi par le Soleil, le Lion est naturellement associé aux couleurs or, jaune, orange et crème. Ce signe du zodiaque est relié à Apollon, dieu romain de la musique, de la poésie, de la prophétie, de la raison et de la lumière. Le jour particulièrement propice au Lion est le dimanche, et les parties du corps les plus vulnérables chez les natifs de ce signe sont le cœur, les artères et le système circulatoire. Les pierres associées à ce signe incluent le rubis, le diamant, la sardonyx et l'œil-de-tigre; les fleurs qui lui correspondent sont le tournesol, le souci, la capucine et le cyclamen. Son chiffre porte-bonheur est le cinq, et son métal, l'or.

● *L'œil-de-tigre*

Vierge

La Vierge a pour couleurs le bleu marine, les verts sourds et le gris. Ce signe est gouverné par la planète Mercure et son métal de prédilection est par conséquent le mercure. Le jour associé à la Vierge est le mercredi et les parties du corps souvent vulnérables chez les natifs de ce signe sont les intestins, la peau et le système nerveux. Les pierres qui leur sont bénéfiques incluent le diamant, le péridot (chrysolithe) et la sardonyx. Son nombre propice est le six, et ses fleurs sont le lys, le narcisse, la centaurée et le perce-neige.

● *Le lys*

Balance

La Balance, le signe de l'équilibre, est régi par Vénus et a pour couleurs le bleu ciel, le vert feuille et le rose. Le jour le plus propice aux natifs de ce signe est le vendredi, et les parties du corps à surveiller sont les reins, la vessie et la partie inférieure de la colonne vertébrale. Les pierres qui lui sont associées sont le saphir, l'émeraude et le jade. Son nombre favorable est le sept et ses fleurs incluent tous les types de roses.

● *La rose*

Scorpion

Le signe complexe du Scorpion est gouverné par la planète Pluton. Il est associé aux couleurs rouge foncé et pourpre foncé. Les parties du corps vulnérables chez les natifs de ce signe sont les yeux, la partie inférieure de l'estomac, les organes sexuels, la partie inférieure de la colonne vertébrale et le sang. Le jour le plus propice au Scorpion est le mardi, et ses pierres porte-bonheur incluent le jais, l'onyx, l'obsidienne et l'opale. Son nombre propice est le huit, et son métal, le fer. Les fleurs associées à ce signe sont les cactus et tous les buissons ou arbres épineux.

● *L'obsidienne*

Sagittaire

Le Sagittaire, l'Archer, est considéré comme le voyageur du zodiaque. Il est représenté par le bleu royal profond et le pourpre impérial. Gouverné par Jupiter, planète de l'expansion, ce signe a pour pierres la topaze, l'escarboucle et le saphir. Son chiffre porte-bonheur est le neuf, et les parties du corps vulnérables chez les natifs de ce signe sont les hanches, les cuisses et la circulation dans les jambes. Ses plantes et fleurs favorables sont les joncs, le mouron, le pissenlit et l'œillet. Le métal associé au signe de l'Archer est l'étain.

● *La topaze*

Capricorne

Saturne, planète des restrictions et des leçons difficiles, gouverne le Capricorne. Ses couleurs sont celles de la terre, soit le noir, le gris vert et le marron. Les parties du corps vulnérables chez les natifs de ce signe sont les os, la peau, les dents, les genoux et les oreilles. Le jour favorable au Capricorne est le samedi, et ses pierres porte-bonheur sont l'opale noire, la turquoise et la tourmaline. Son nombre propice est le dix, et ses fleurs, le lierre, la fleur de chardon et la ciguë.

● *La turquoise*

Verseau

Le Verseau est régi par Uranus, planète imprévisible qui se comporte différemment des autres planètes du système solaire. C'est pourquoi un amalgame de couleurs légèrement différentes constitué de bleu électrique, d'indigo et de bleu fluo est associé à ce signe. Les parties du corps vulnérables chez les natifs du Verseau sont les chevilles et la circulation du sang vers les extrémités. Les pierres qui lui sont associées incluent l'améthyste, le lapis-lazuli et les métaux compatibles sont l'uranium, le plomb et le platine. Le jour propice au Verseau est le samedi et son nombre porte-bonheur est le onze. Les fleurs de prédilection de ce signe sont le bouton d'or, l'orchidée et l'absinthe.

● *Le lapis-lazuli*

Poissons

Symbolisant la perception intuitive et la voyance, le signe des Poissons est associé aux couleurs évoquant la mer, et plus particulièrement au vert et au turquoise, couleurs de Neptune, dieu romain de la mer. Les parties du corps vulnérables chez les Poissons sont les pieds, le cerveau et les poumons. Ses pierres de prédilection incluent la pierre de lune, l'héliotrope et la perle. Le jour propice à ce signe est le jeudi et son chiffre porte-bonheur est le douze. Les fleurs en harmonie avec lui sont le nénuphar et le coquelicot. Son métal est l'étain.

● *L'héliotrope*

Les couleurs ont des vertus curatives. Lorsque vous souffrez d'un malaise ou d'une maladie, le fait de méditer sur des couleurs précises pourra vous être bénéfique, de même que l'utilisation de lampes colorées au-dessus de certaines parties du corps et le port de vête-ments de la couleur appropriée. Si vous avez mal à la gorge, par exemple, une écharpe turquoise vous fera du bien. (Vous trouverez ci-dessous de plus amples renseignements sur les propriétés théra-peutiques des couleurs.)

Le rouge élève la tension artérielle et libère de l'adrénaline. Il sera bénéfique dans les cas de troubles sanguins, d'anémie, de mononucléose infectieuse et d'engourdissement.

Le jaune est bénéfique aux personnes souffrant de certains troubles nerveux, de problèmes de foie, de jaunisse, de schizo-phrénie ou de diabète.

L'orange favorise la joie et une attitude positive; il facilite aussi la digestion et le métabolisme. Il aura aussi un effet bénéfique dans les cas d'ulcères de l'estomac, d'hypothyroïdie (on utili-sera le bleu dans les cas d'hyperthyroïdie), de raideur aux arti-culations, de problèmes de foie, de constipation, d'alcoolisme et de dysfonctionnement rénal.

Le vert est bénéfique dans les cas de maladies cardiaques, telles que l'angine, et de troubles respiratoires, comme la bronchite. Il est également recommandé aux personnes souf-frant de claustrophobie.

Le turquoise soulage la douleur et a également un effet anti-inflammatoire. Il aidera dans les cas de maladies de la peau, comme l'acné et la dermatite, ainsi que pour les piqûres d'in-sectes et le rhume des foins. Le turquoise et le bleu sont recommandés aux personnes souffrant de pneumonie, de sinu-site ou de stress.

Le bleu aide à baisser la tension artérielle et soulage les affec-tions de la gorge, la laryngite et l'amygdalite. Il aura des effets thérapeutiques dans les cas de démangeaison, d'insomnie, de mal des transports, de muguet, de mal de dents, de coups de soleil, d'éternuement, de bégaiement et de cicatrices.

Le violet purifie tout l'organisme et favorise un sommeil régulier et réparateur.

Le magenta est utilisé pour soulager les migraines et les maux de tête et est également recommandé en cas de nausée.

La couleur est l'outil le plus précieux du décorateur d'intérieur, qui peut s'en servir pour créer une ambiance ou un thème particulier. Elle est par ailleurs si puissante qu'elle peut influencer notre perception de la forme ou de la taille d'un espace donné.

Il importe de bien comprendre les principes de la théorie des couleurs afin de pouvoir en tirer

● *La couleur est une propriété de la lumière.*

pleinement parti en décoration. Cela peut a priori sembler fastidieux, voire un peu déroutant, mais je peux vous assurer qu'il s'agit là d'un processus d'apprentissage très agréable et révélateur. Il est intéressant de découvrir pourquoi les couleurs se complètent et comment les choix que nous avons pu instinctivement faire en la matière reposent en fait sur la théorie des couleurs.

Introduction à la couleur

Notre approche moderne de la couleur vit le jour en 1666, lorsque Sir Isaac Newton prouva que la couleur est une propriété de la lumière. Il projeta un petit rayon de lumière solaire à travers un prisme et afficha les bandes de couleur produites sur un écran blanc. Les couleurs qui apparurent furent le rouge, l'orange, le jaune, le vert, le bleu et le violet.

En 1770, le scientifique Moses Harris créa la première roue chromatique qui établit le rouge, le jaune et le bleu en tant que couleurs primaires. Au début du XXe siècle, la théorie des couleurs évolua encore lorsque Johannes Itten peaufina la classification des couleurs en ajoutant les couleurs secondaires et tertiaires à la roue chromatique.

L'étude de la roue chromatique à douze couleurs permet de mieux comprendre la théorie moderne des couleurs.

Toutes les couleurs dérivent des trois couleurs primaires : le rouge, le jaune et le bleu. Ces dernières sont les seules couleurs qui ne peuvent pas être obtenues à partir d'une combinaison d'autres couleurs. Le mélange d'une couleur primaire avec une autre couleur primaire produit trois couleurs secondaires : l'orange, le vert et le violet.

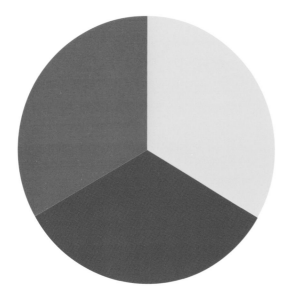

Pour créer une roue chromatique à douze couleurs, il faut disposer les couleurs primaires et secondaires, ce qui donne six couleurs. Les couleurs primaires doivent être réparties également dans la roue.

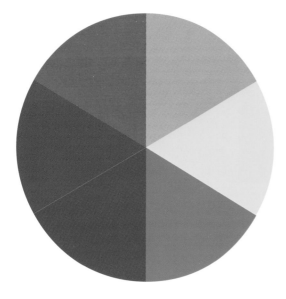

Les couleurs secondaires, soit le vert, l'orange et le violet, sont disposées sur la roue entre leurs couleurs « parentes ».

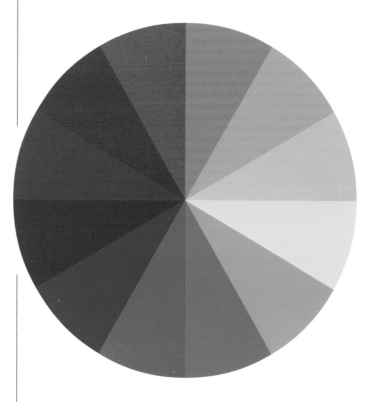

Les espaces restants constituent l'emplacement naturel des six couleurs intermédiaires, ou tertiaires. Ces dernières sont obtenues par le mélange d'une couleur primaire avec une couleur secondaire adjacente. On obtient ainsi le jaune orange ou jaune doré, le rouge orange ou écarlate, le rouge violet ou pourpre, le bleu violet ou indigo, le bleu-vert ou turquoise, et le jaune vert ou vert chartreuse. Lorsque ces douze couleurs sont correctement disposées sur la roue, elles créent ce qu'on appelle un ordre spectral naturel.

Cette roue chromatique peut être encore raffinée pour comprendre vingt-quatre couleurs. Par exemple, entre le jaune et l'orange, on peut retrouver cet ordre spectral naturel : jaune (J), la couleur primaire; jaune-orange-jaune, deux parts de jaune pour une part d'orange (JOJ); jaune orange (JO), une couleur intermédiaire; orange-jaune-orange, deux parts d'orange pour une part de jaune (OJO); et enfin l'orange (O), une couleur secondaire.

En étudiant l'ordre naturel des couleurs d'une roue chromatique, on remarque que la roue peut être encore divisée en spectres de couleurs chaudes et froides.

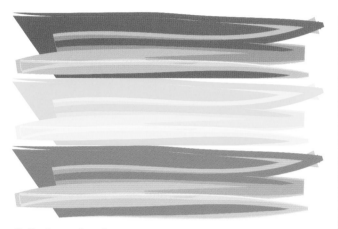

● *Couleurs chaudes*

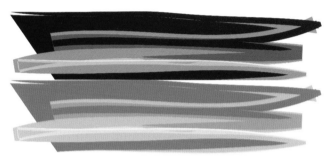

● *Couleurs froides*

Couleurs chaudes et froides

Le rouge, le jaune et l'orange sont en général considérés comme des couleurs chaudes, et le bleu et le vert comme des couleurs froides. Le violet est la seule couleur pouvant apparaître comme chaude ou froide selon les proportions de ses couleurs parentes. Un ton de violet contenant une grande proportion de bleu, par exemple, est une couleur froide, tandis qu'un violet tirant davantage sur le rouge compte parmi les couleurs chaudes. Il change également d'aspect selon les couleurs qui l'entourent. Combiné avec des rouges chauds, le violet semble plus froid que lorsqu'il est utilisé avec des bleus froids, par exemple.

Chaudes

Froides

Les couleurs chaudes sont saillantes et permettent donc de créer un environnement douillet. Les couleurs froides fuient, conférant ainsi à une pièce une apparence plus spacieuse et donc un peu plus austère. Nous pouvons tirer parti de ces propriétés afin de rééquilibrer des pièces mal proportionnées.

Quelle est la différence entre ton, teinte et nuance ?

Les couleurs combinées avec du noir et du blanc sont appelées tons. Les couleurs auxquelles on a ajouté du blanc sont appelées teintes. Les couleurs auxquelles on a ajouté du noir sont appelées nuances.

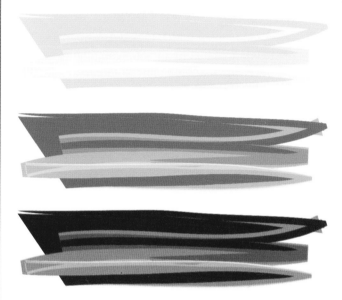

Par exemple, le rouge auquel on ajoute du blanc donne la teinte appelée rose. Par contre, lorsqu'on y ajoute du noir, on obtient alors une nuance plus foncée de bordeaux. Ainsi, la différence entre le bordeaux et le rose, tous deux dérivés de la même couleur de base, n'est qu'une variation tonale.

Un bon agencement de couleurs dépend tout autant du ton que de la couleur à proprement parler. Le ton peut servir à modifier visuellement les proportions d'une pièce. En effet, plus le ton d'une couleur est foncé, moins il réfléchit la lumière. Par conséquent, plus le ton est foncé, plus la couleur est mise en évidence. À l'inverse, plus le ton est clair, plus il réfléchit la lumière et semble donc fuyant.

La couleur en décoration d'intérieur

Voici un glossaire de termes souvent utilisés relativement aux couleurs en décoration d'intérieur.

Agencements de couleurs monochromes – Gammes de couleurs résultant de la combinaison de plusieurs tons d'une même couleur.

Agencements de couleurs neutres – Gammes de couleurs résultant de la combinaison de non-couleurs telles que le blanc, le noir, le brun, le beige ou le crème.

Complémentaires – Voir couleurs contrastantes.

Couleur accent – Couleur introduite dans un agencement de couleurs pour les faire ressortir. Elle ajoute vie et intérêt visuel à une pièce.

Couleurs chaudes – Ces couleurs sont rassemblées sur une partie de la roue chromatique. Les rouges, les oranges et les jaunes sont tous des couleurs chaudes.

Couleurs contrastantes – Également appelées couleurs complémentaires, ces couleurs se trouvent à l'opposé sur la roue chromatique.

Couleurs en harmonie – Il s'agit de combinaisons de couleurs adjacentes sur la roue chromatique.

Couleurs froides – Ces couleurs sont rassemblées sur une partie de la roue chromatique. Les bleus, les verts et certains tons de violet sont des couleurs froides.

Couleurs fuyantes – Ces couleurs se trouvent dans la section froide de la roue chromatique; on peut les utiliser pour donner une impression d'éloignement.

Couleurs intermédiaires – Ces couleurs se trouvent entre les couleurs primaires et les couleurs secondaires. Elles sont également appelées couleurs tertiaires.

Couleurs primaires – Le rouge, le bleu et le jaune. Il s'agit de couleurs de base qu'on ne peut pas obtenir en mélangeant d'autres couleurs de la roue chromatique.

Couleurs saillantes – Ces couleurs se trouvent dans la section chaude de la roue chromatique : les rouges, les oranges et les jaunes. Elles donnent en général une impression de rapprochement.

Nuances – Couleurs auxquelles on a ajouté du noir.

Roue chromatique – Outil utilisé par les décorateurs pour afficher les couleurs dans leur ordre naturel. La roue chromatique se fonde sur les travaux de Sir Isaac Newton.

Teintes – Couleurs auxquelles on a ajouté du blanc.

chapitre 3 **Les couleurs primaires**

Les trois couleurs fondamentales que sont le rouge, le jaune et le bleu sont appelées couleurs primaires. Toutes les autres couleurs résultent d'un mélange de ces couleurs. Les couleurs primaires existent indépendamment : il est impossible de les obtenir en mélangeant d'autres couleurs. Elles ont ainsi chacune leur personnalité. La chaleur du rouge, la froideur du bleu et l'exubérance du jaune constituent la base sur laquelle repose toute la théorie des couleurs.

Le rouge

Le rouge est l'une des trois couleurs primaires. Empreint de passion et d'assurance, il est associé au danger et au feu. Le rouge est une couleur chaude qui est parfois difficile à manipuler.

Le rouge est la couleur de la vie, de la jeunesse, de la passion et du sang. On l'associe également au feu, à la fois en tant que source de chaleur que, dans un sens plus spirituel, d'énergie du plasma, force atomique faisant fonctionner l'univers. Le rouge est la couleur de l'énergie débridée et des passions qui fouettent le sang et submergent l'esprit rationnel.

Le rouge stimule les sens physiques et accroît l'ambition, le dynamisme et le courage. Sur le plan physique, la présence du rouge augmente la tension artérielle et fait circuler l'adrénaline. Le rouge peut favoriser la colère, le désir sexuel et l'impulsivité. Il peut contribuer à accroître l'énergie en cas d'épuisement, de dépression ou de manque de volonté, et à taire les émotions négatives. Il peut venir en aide aux timides qui souhaitent s'affirmer davantage. Le port du rouge ou sa présence dans l'environnement peut toutefois, dans le cas d'une personne excédée ou sous pression, provoquer des crises de colère et d'agressivité.

Le symbolisme

Le rouge est depuis toujours associé aux dieux de la guerre, notamment au dieu romain Mars. Il est intéressant de noter que la planète Mars, qui porte le nom de ce dieu, est souvent appelée « la planète rouge » en raison de la couleur rougeâtre de la poussière qui la recouvre. Cette couleur symbolise principalement

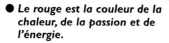

● *Le rouge est la couleur de la chaleur, de la passion et de l'énergie.*

● *On dit souvent des personnes rousses qu'elles ont un tempérament de feu.*

l'agression, les arts de la guerre et la conduite honorable sur le champ de bataille. Dans le vocabulaire héraldique, le rouge est par ailleurs appelé « goules » ou « sanguin ». Sa présence sur un blason signifie à la fois bravoure et magnanimité envers un ennemi vaincu.

Les connotations négatives du rouge sont souvent liées à la passion. Par exemple, il est généralement dit que les personnes rousses ont un tempérament de feu et, bien entendu, le rouge évoque la couleur du sang.

Le rouge est considéré comme une couleur masculine, triomphante, victorieuse et féroce. Dans la mythologie viking, c'était la couleur de Thor, le dieu du tonnerre à la barbe rousse brandissant un marteau. Dans la symbolique chrétienne, le rouge est la couleur des martyrs qui ont versé leur sang pour leur foi. Dans la religion celtique des druides, le rouge était l'une des couleurs de la triple déesse, le plus souvent représentée par la jeune fille, la mère et l'aïeule. À chacun de ces aspects divins était attribuée une couleur convenant à sa nature : le blanc à la jeune fille, le noir à l'aïeule, et le rouge à la mère. C'est peut-être la raison pour laquelle, aux siècles passés, les jeunes mariées portaient souvent du rouge comme symbole de la fertilité de leur union.

Mots clés associés au rouge

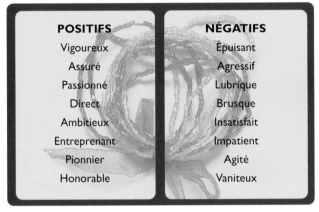

POSITIFS	NÉGATIFS
Vigoureux	Épuisant
Assuré	Agressif
Passionné	Lubrique
Direct	Brusque
Ambitieux	Insatisfait
Entreprenant	Impatient
Pionnier	Agité
Honorable	Vaniteux

L'astrologie

La planète Mars est principalement associée à la couleur rouge. Par sa nature masculine, passionnée et entêtée, cette planète est également liée au fer, matériau principal des fabricants d'armes et métal qui, s'il n'est pas traité, se rouille rapidement et prend une teinte rouge. Les deux signes du zodiaque gouvernés par Mars sont le Bélier et le Scorpion, deux signes réputés faire preuve de courage et d'assurance (voire d'agressivité), et d'un caractère passionné.

Le feng shui

Dans la tradition orientale, le rouge est associé à l'élément feu. Son animal symbolique est l'« oiseau rouge du sud », plus communément appelé phénix. Le rouge symbolise donc la renaissance : on dit du phénix qu'il se brûlait vif sur un bûcher funéraire pour ensuite renaître de ses cendres. Le rouge est également la couleur de la bonne fortune, favori-

sant créativité, énergie et goût de vivre. La saison associée au rouge est le milieu de l'été, où la chaleur du soleil est à son apogée.

La psychologie du rouge

Le rouge représente un tempérament fougueux et une force passionnée. Son mot clé est l'action. Très positif par nature, le rouge peut aider à dissiper les pensées et les émotions négatives. Cette couleur est particulièrement utile aux personnes timides, car elle les encourage à se mettre en avant et à développer une attitude plus confiante et assurée. De même, l'individu qui hésite à entreprendre un projet important et se sent dépassé par l'immensité de la tâche à accomplir a avantage à porter du rouge ou à s'entourer de cette couleur, qui l'aidera à surmonter cet obstacle intérieur et favorisera la circulation de l'énergie.

Le rouge et le corps

Le rouge stimule l'émission d'adrénaline dans le sang. Selon l'astrologie, les glandes surrénales sont sous l'influence de Mars, la « planète rouge ». Le rouge favorise également l'instinct de « lutte ou fuite », et est de ce fait lié aux réactions d'agression et de peur.

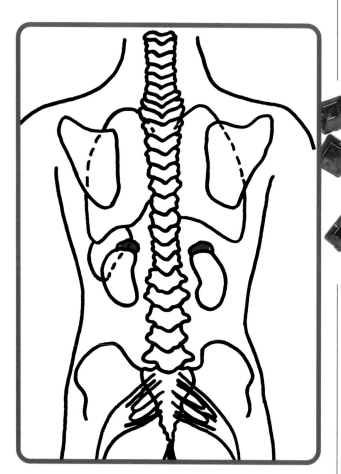

● *Les glandes surrénales*

Sur le plan physique, l'exposition à la lumière rouge serait bénéfique aux personnes souffrant de problèmes circulatoires, d'irrégularité du flux sanguin, de durcissement des artères, d'infertilité et d'anémie. Une mise en garde s'impose toutefois. Le rouge dégage une telle force, parfois incontrôlable, qu'il faut éviter d'y exposer les parties du corps au-dessus de la taille, de peur d'accélérer le rythme cardiaque. En cas de doute, consultez un médecin avant de recourir à la chromothérapie pour un problème pulmonaire ou circulatoire. Le port du rouge est également déconseillé à la personne en proie au ressentiment ou à une colère latente, à moins qu'elle ne cherche un prétexte pour exploser. Le secret, avec le rouge, est de garder le contrôle et de ne pas laisser nos passions l'emporter sur le bon sens.

Le rouge est également associé aux passions sexuelles, non seulement aux organes sexuels mais aussi à la zone érogène ainsi qu'au chakra racine (situé à la base de la colonne vertébrale). Ce chakra est généralement représenté en rouge et symbolisé par un serpent qui, selon la tradition hindoue, s'enroule autour de la colonne vertébrale afin de faire circuler l'énergie dans les autres chakras.

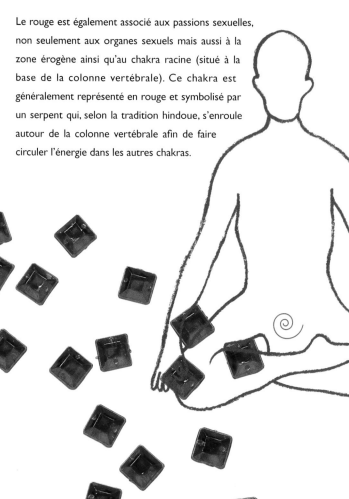

Tons et teintes de rouge
Le bordeaux

Les énergies vibrantes du rouge sont quelque peu contenues dans ce ton atténué. Le bordeaux représente une ligne de conduite plus réfléchie qui fait encore toutefois appel au courage. Une personne qui aime ce ton a souvent l'impression que les circonstances ne lui sont jamais favorables mais ne perd pas espoir. Des actions résolues alliées à la prudence permettront de surmonter les obstacles.

Le magenta

Ce ton de rouge a souvent la faveur des personnes se trouvant à arbitrer un différend. L'intransigeance des autres est pour elles source d'irritation; toutefois, la personne attirée par le magenta est incapable d'exprimer sa colère ouvertement. Les énergies du rouge sont néanmoins présentes, attendant leur heure jusqu'à ce qu'une solution soit trouvée et que la situation s'améliore. Le magenta représente l'aspect le plus patient de cette couleur primaire fougueuse.

Le cramoisi

L'éclat du cramoisi représente la résolution et la détermination à réussir, sans toutefois tomber dans l'intransigeance Une personne attirée par le cramoisi cherche à éviter les conflits : « vivre et laisser vivre » est sa devise. La seule situation où un individu qui aime le cramoisi risque de se débattre est lorsque sa liberté est menacée.

L'écarlate

Plus que tout autre ton de rouge, l'écarlate exprime un amour exubérant de la vie. Au cours de l'histoire, cette nuance a acquis d'autres connotations et fut notamment associée aux femmes qui ne se conformaient pas aux normes sexuelles de la société. Une personne attirée par l'écarlate attache peu d'importance aux conventions, n'a guère de temps à consacrer aux individus ennuyeux et est d'avis qu'il faut avant tout profiter de la vie !

Le rose

Le rose, mélange de rouge et de blanc, est tellement utilisé qu'il a acquis son propre symbolisme et est souvent considéré comme une couleur distincte.

Le rouge dans l'aura

La présence de rouge dans l'aura indique un ego puissant et une volonté très forte. Cette personne est mue par ses passions et ses désirs, mais voit très loin. Elle ne vit pas dans le passé, mais est toujours en quête de nouveauté.

Dans l'aura, le rouge signale une période de la vie où une personne peut voir ses fantasmes et ses rêves les plus fous se réaliser; elle disposera de toute l'énergie et la motivation nécessaires pour réaliser ses ambitions.

Lorsque le rouge apparaît soudain dans l'aura, il est probable que l'individu en question soit en proie à un vif désir. Cette envie n'est pas nécessairement de nature sexuelle; il peut s'agir du désir d'une nouvelle carrière plus satisfaisante ou de la reconnaissance de son œuvre.

Sur une note moins positive, la présence du rouge dans l'aura peut également révéler une colère profondément ancrée rendant la personne prompte et impulsive. Dans ce cas, le rouge peut indiquer une période difficile pavée d'épreuves, notamment d'ordre affectif. Une personne dont l'aura est rouge sang est généralement gâtée, difficile et très exigeante.

Les combinaisons de couleurs
Dominante rouge vif et jaune

Une telle combinaison de couleurs, présente dans l'aura, n'est pas de bon augure. Elle indique généralement que l'individu en question se fait des illusions concernant une personne très importante dans sa vie, pouvant même signaler l'infidélité dans une relation. Cette combinaison peut également indiquer un énorme sentiment d'isolement, l'affaiblissement du goût de vivre par un excès d'introspection.

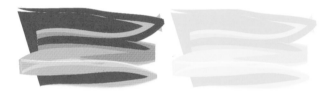

Dominante rouge vif et cramoisi

Le début d'une liaison amoureuse passionnée se reconnaît généralement à une combinaison de rouge vif et de cramoisi. C'est tout particulièrement vrai lorsque le rouge est écarlate. Pour l'heureux individu doté d'une telle aura, le monde est un endroit merveilleux tant que l'être aimé est à proximité. Le seul aspect négatif de cette combinaison est que la bonne fortune de cette personne risque de faire de nombreux envieux.

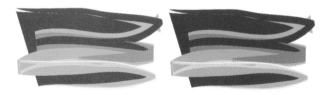

Dominante rouge vif et bleu foncé

Une personne présentant une telle combinaison de couleurs dans son aura a tendance à se comporter de manière théâtrale. Le bleu foncé ajoute une touche intuitive à la passion du rouge, ce qui donne souvent un individu extraverti, vivant, excitable et théâtral. Cette personne aura généralement tendance à tout exagérer; elle n'est toutefois jamais ennuyeuse. Lorsque le mélange de rouge vif et de bleu foncé apparaît soudainement dans l'aura, un éclair d'inspiration géniale est sur le point de se manifester.

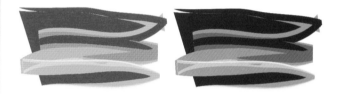

Dominante rouge foncé et bleu royal

L'alliance du rouge foncé et du bleu royal dans l'aura d'un individu indique qu'il n'a pas peur des engagements profonds et durables. Cette personne sait où elle va, a une vision claire de l'avenir et est sincère. Lorsque cette combinaison apparaît temporairement dans l'aura d'un individu, cela signifie que le moment est venu pour lui d'assumer plus de responsabilités et d'approfondir son sens de la vocation.

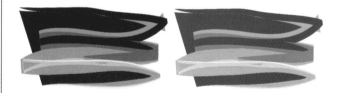

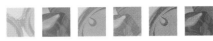

Dominante rouge foncé et rose

La combinaison d'un rouge foncé, tel que le cramoisi ou le bordeaux, avec une teinte de rose indique que l'individu en question est en train de tomber amoureux. La passion et les sentiments s'accordent avec le rouge et le rose, et confèrent une puissante énergie. Lorsque cette alliance apparaît temporairement dans l'aura, cela indique que l'idylle sera de courte durée mais mémorable. Si cette combinaison persiste, toutefois, c'est que la personne a trouvé l'amour de sa vie.

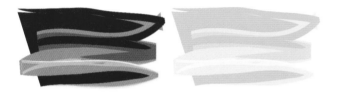

Dominante rouge foncé et bleu clair

Cette combinaison indique qu'un individu souffre d'insécurité même s'il semble assuré et maître de soi. Elle signale également l'indécision et la peur d'assumer la responsabilité de ses actes. Par ailleurs, cette personne aura tendance à se soucier des autres et peut passer énormément de temps à aider autrui; il s'agit souvent là d'un mécanisme de défense qui détourne le bon samaritain de ses propres problèmes.

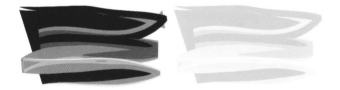

● *Voir « le feu rouge »*
signifie qu'il est
préférable d'arrêter de
peur d'aller trop loin.

Expressions

Dans le langage courant, l'expression « voir rouge » est facile à décoder, correspondant au caractère ardent et agressif de cette couleur. Toutefois, « être dans le rouge », ou endetté, a peu à voir avec le symbolisme traditionnel de cette couleur. Cette expression tire son origine de la manière dont les comptables et les banquiers indiquaient le crédit à l'encre noire et le débit en rouge. L'expression anglaise « not to have a red cent » (ne pas avoir un sou rouge) est une variante plus moderne du même thème. Toujours dans la langue de Shakespeare, la bureaucratie tatillonne est qualifiée de « red tape » (ruban rouge) et, expression familière aux amateurs de

romans policiers, les faux indices sont appelés en anglais « red herrings » (harengs rouges).

En langue anglaise, l'expression « red letter day » (dont l'équivalent français est « jour à marquer d'une pierre blanche ») désigne une occasion spéciale car, sur les anciens calendriers, les jours fériés étaient inscrits en rouge; l'expression « painting the town red » (peindre la ville en rouge) signifie faire la noce. Si un individu va trop loin, peut-être verra-t-il « le feu rouge » et s'arrêtera-t-il là avant d'être pris la main dans le sac (« to be caught red-handed » en anglais).

Utilisation du rouge en décoration

La couleur rouge est empreinte de passion et d'assurance : dans la nature, elle

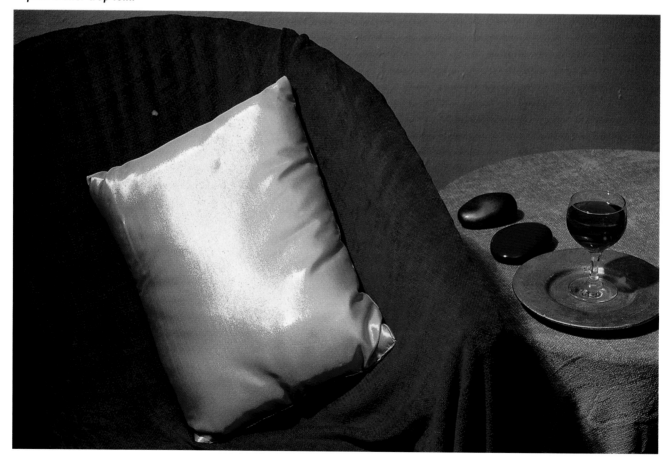

● *Le rouge est associé à la splendeur et à la royauté.*

indique les fruits mûrs, tandis que son caractère attrayant lui fait jouer un rôle important dans les rituels amoureux. Couleur associée au danger et au feu, le rouge est de ce fait considéré comme une couleur très chaude et parfois difficile à manier.

L'une des trois couleurs primaires, le rouge se situe sur la moitié chaude de la roue chromatique. Il est bien identifié en décoration comme couleur saillante, c'est-à-dire donnant une impression de rapprochement.

Produire des pigments rouge vif était autrefois très coûteux, d'où le prix exorbitant et la rareté des tissus rouges. Une pièce ornée de draperies de soie rouge était considérée comme le summum du luxe et devint rapidement synonyme de châteaux historiques et de palais royaux.

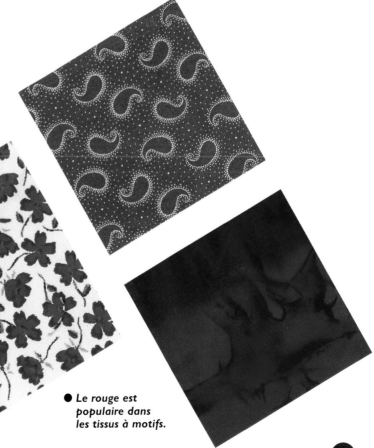

● *Le rouge est populaire dans les tissus à motifs.*

● *Le rouge et le vert font un heureux mariage.*

En décoration, le rouge est également perçu comme une couleur puissante, et peu osent l'utiliser. Elle est plus populaire dans les tissus à motifs, qui confèrent à une pièce la chaleur et l'hospitalité du rouge mais de manière plus discrète.

Le rouge se marie à de nombreuses autres couleurs mais, si vous êtes en quête d'inspiration, tournez-vous vers la nature pour y découvrir les combinaisons de couleurs les plus heureuses. Le rouge et le vert forment une alliance à la fois puissante et naturelle. Reflété dans la nature par une pomme rouge mûre dans un arbre, les feuilles vertes et les baies rouges du houx ainsi que les coquelicots parsemant un champ vert, cet heureux mariage de couleurs convient bien aux décors traditionnels.

● *La pomme rouge est un puissant symbole de la nature.*

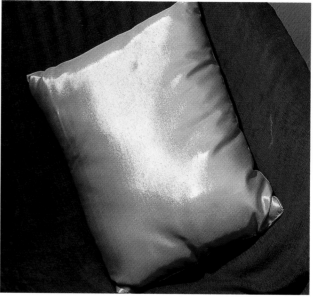

● *La combinaison du rouge et de l'or est populaire, évoquant la richesse et le luxe.*

Évoquant les intérieurs de l'ère victorienne, une pièce rouge et vert a un caractère masculin. En général, les tons de rouge et de vert choisis doivent avoir la même profondeur ou valeur tonale pour préserver l'équilibre de l'ensemble.

À l'époque victorienne, le rouge intense et l'or avaient la faveur, souvent utilisés ensemble lors de fêtes ou de célébrations. Tous les tons et nuances de rouge sont mis en valeur par la lumière de bougies, ce qui fait du rouge la couleur idéale pour les pièces utilisées principalement le soir. Bien que le rouge et l'or soient associés à la richesse à la royauté, leur combinaison peut également évoquer la splendeur du style oriental et asiatique.

Moins opulent mais tout aussi frappant, le mariage du rouge et du blanc est populaire depuis des siècles, que ce soit dans la porcelaine, les papiers peints ou les tissus. Les décors d'intérieur du début du XVIIe siècle, par exemple, font souvent appel au papier peint et au tissu rouge et blanc. Cette combinaison de couleurs et de motifs confère à une pièce une atmosphère relaxante. Les tissus

● *Le rouge et l'or évoquent aussi l'opulence orientale.*

● *Le rouge est l'une des couleurs les plus populaires et les plus frappantes.*

de style toile de Jouy, les tissus brodés à la main, les carreaux, les rayures et les motifs fluides rouge et blanc y sont souvent utilisés.

La combinaison du rouge et du crème a également de fortes connotations historiques. On la retrouve à plusieurs époques et dans de nombreux styles régionaux. La popularité du crème était autrefois due aux processus de fabrication qui n'étaient pas à même de produire le blanc éclatant que nous utilisons aujourd'hui.

En décoration, on utilise parfois une couleur supplémentaire – appelée couleur accent – pour faire ressortir un agencement. Le rouge en est l'un des meilleurs exemples.

La popularité de certaines couleurs a eu des hauts et des bas à travers l'histoire, selon les caprices de la mode. Le rouge ne fait pas exception à cette règle.

● *La combinaison du rouge et du blanc est souvent utilisée dans les motifs à carreaux, tels que le plaid écossais.*

Le bleu

Le bleu, couleur primaire, est considéré comme la couleur de la vérité. Il est représentatif d'un esprit et d'une intelligence supérieurs et est lié à la fois à la spiritualité et aux émotions. Le bleu étant tenu pour la couleur de la conscience supérieure, le fait qu'un individu n'aime guère cette couleur peut indiquer qu'il se ment à lui-même et n'honore pas ses croyances profondes.

Le bleu est une couleur reposante, rafraîchissante et calmante. Il apporte tranquillité et harmonie de l'esprit à l'individu excédé ou enclin à la colère ou à l'anxiété. S'entourer de bleu favorise la contemplation, nous aidant à apaiser notre esprit inquiet et à trouver la paix intérieure.

Le symbolisme

Le bleu est évidemment associé au ciel et, par là même, au dieu du ciel dans de nombreuses mythologies. C'est en raison de cette connexion avec la divinité céleste que certaines nuances de bleu sont liées aux concepts de sagesse, de souveraineté et de royauté. Le bleu est également la couleur des mers, des océans et du principe féminin des eaux infinies. Les images de la Vierge Marie, Reine des cieux, la représentent généralement vêtue de bleu pour symboliser son statut de figure céleste; on la nomme aussi parfois « Stella Maris », ou Étoile de la mer.

● *Le bleu est associé au ciel.*

Dans la Chine antique, plusieurs puissances élémentaires représentées par des dragons étaient associées à la couleur bleue. La première d'entre elles était bien entendu le dragon azuré, considéré à la fois comme le roi du paradis et le symbole de l'élément Bois : l'emblème de l'Est, du printemps, de la croissance et de la créativité. À l'autre bout du monde, les peuples celtes du nord-ouest de l'Europe voyaient dans le bleu la couleur de la créativité; c'était la couleur sacrée du barde, poète qui célébrait les exploits des héros. Les Mayas d'Amérique centrale attribuaient à cette couleur un caractère moins spirituel : ils l'utilisaient en effet pour symboliser la mort de leurs ennemis.

Mots clés associés au bleu

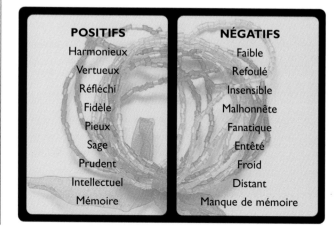

POSITIFS	NÉGATIFS
Harmonieux	Faible
Vertueux	Refoulé
Réfléchi	Insensible
Fidèle	Malhonnête
Pieux	Fanatique
Sage	Entêté
Prudent	Froid
Intellectuel	Distant
Mémoire	Manque de mémoire

● *Le bleu est rafraîchissant et apaisant comme l'océan.*

L'astrologie

Dans le système des planètes astrologiques, le bleu, et tout particulièrement le bleu royal, est la couleur principale de Jupiter, le dispensateur de la chance. Les signes du Sagittaire et des Poissons, tous deux traditionnellement gouvernés par Jupiter, sont également associés au bleu, qui est donc particulièrement propice aux natifs de ces deux signes. Dans le cas du Sagittaire, ou Archer, le ton de bleu est plus foncé et plus impérial tandis que le doux et rêveur signe des Poissons préfère les tons bleu-vert et aquatiques.

Le feng shui

L'art oriental ancien du feng shui fait la distinction entre les bleus clairs et les bleus foncés. Le bleu clair se substitue au vert en tant que symbole de l'Est et de son emblème, le dragon. Il est associé au début de la vie, à l'aube, au printemps, au jeune enfant, aux bourgeons tout juste éclos et à la fécondité. Le bleu plus foncé est, quant à lui, l'équivalent du noir en tant que symbole du Nord, du froid qui s'installe et de la glace traître. Sous cet angle plus sinistre, le bleu peut être considéré comme le symbole de la fin, plutôt que du début. Toutefois, la croyance en la réincarnation se

● *Le bleu foncé est associé au froid et à la glace.*

retrouvant dans de nombreuses traditions spirituelles orientales, il n'est guère surprenant que le bleu puisse à la fois symboliser la naissance et la mort.

La psychologie du bleu

Le bleu est une couleur froide qui donne une impression d'éloignement. De manière similaire, la personne dont l'aura est bleue a tendance à ne pas aimer les confrontations et tente de garder les problèmes à distance le plus longtemps possible. Les querelles et les disputes lui sont très pénibles; et il n'est donc guère surprenant qu'elle se montre souvent trop diplomate, ce qui risque de lui nuire.

Lorsque le bleu est prédominant dans l'aura d'un individu – ou dans sa garde-robe –, il est important qu'il évacue lentement ses émotions négatives, de crainte de s'emporter et de perdre le contrôle.

● *Le bleu clair est associé à l'aube de la vie.*

Le bleu et le corps

Il est intéressant de noter que le bleu est associé au chakra de la gorge, car cette couleur est utilisée pour traiter de nombreux problèmes affectant cette partie du corps. Un problème psychologique ou spirituel se manifeste souvent dans la partie du corps auquel il est associé. Lorsqu'une personne refuse d'exprimer ou d'affronter ses problèmes ou sa colère, l'émotion négative refoulée finira par exploser violemment, ce qui risque d'être traumatisant pour la personne qui s'emporte comme pour celle qui est en l'occurrence visée. D'autres parties du corps susceptibles d'être soulagées par le bleu (à travers l'habillement, le décor ou sous forme de lumière) sont le haut du bras, la base du crâne ainsi que la thyroïde et les parathyroïdes.

En raison de son association avec Jupiter, le bleu est lié à l'expansion, donc à la prise de poids. Par conséquent, comme en toute chose, la modération s'impose lorsque cette couleur est utilisée dans le cadre de la photothérapie.

Les teintes et tons de bleu
Le bleu ciel

Le bleu ciel est l'une des teintes de bleu les plus calmantes. Il dénote la constance, la fidélité et l'amour. Le port de cette couleur est recommandé lors de périodes difficiles car elle apporte une aide émotionnelle, permettant à l'individu qui la porte de venir à bout des obstacles et de vivre une vie paisible et heureuse. Le bleu ciel favorise la sensibilité et l'imagination. Il peut également stimuler la tendance au fantasme, permettant parfois aux succès illusoires de prendre la place de la réalité.

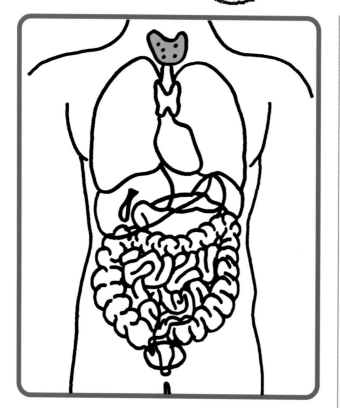

● *La glande thyroïde*

Le bleu azuré

Ce ton de bleu plus sombre est associé au contentement. Il ne s'agit toutefois pas d'un état passif. L'individu fortement influencé par le bleu azuré est résolu à atteindre de grands objectifs, sachant instinctivement que le parcours est plus important que la destination. Il prend plaisir à ses activités et poursuit inlassablement ses buts; une fois qu'ils sont atteints, il lui faut en trouver de nouveaux pour être heureux.

Le bleu pâle

Bien que ce ton subtil évoque la douceur, le bleu pâle nourrit en réalité les ambitions et reflète une capacité à poursuivre de grands rêves. L'individu influencé par le bleu pâle est inspiré et inspire les autres. D'une certaine manière, ce type d'individu est un combattant, prêt à se dépenser pour une grande cause. Il est magnanime envers ses ennemis et généreux à l'égard de ses amis. Le port du bleu pâle indique une farouche détermination à réussir.

Le bleu foncé

Le manque de communication véritable s'avère souvent un problème pour l'individu qui a l'habitude de porter du bleu foncé. Bien que cette nuance évoque une nature calme et contrôlée, elle indique souvent également que l'individu refoule ses émotions véritables. La personne influencée par le bleu foncé est encline à une anxiété non fondée. Ces émotions difficiles peuvent se dissiper uniquement lorsqu'elle fait part de ses soucis à des êtres en qui elle a confiance. D'où le problème : le bleu foncé réprime également la capacité à faire confiance facilement.

Le bleu dans l'aura

Suivant la tradition orientale, le bleu dans l'aura n'a pas la même signification selon qu'il s'agit d'un ton clair ou foncé. Le bleu foncé indique souvent un jugement sûr tandis que les tons plus clairs signalent plutôt une intuition très développée.

Une aura où le bleu foncé prédomine indique une personne digne de confiance, honnête, sage et dotée d'un esprit d'initiative. Tout comme le vert foncé, le bleu foncé dans l'aura caractérise la personne déterminée qui sait précisément où elle va, et a la trempe d'un entrepreneur : elle a beaucoup d'ambition mais celle-ci est tempérée par une grande compassion. Bien qu'elle sache exactement ce qu'elle veut, cette personne est également sensible aux besoins et aux sentiments d'autrui et peut être un conseiller sage et avisé.

Sur un plan plus négatif, la personne dont l'aura est bleu foncé peut ne pas être à l'écoute de ses propres émotions et donner une trop grande importance à l'intellect. Le désir d'élaborer des plans et de prévoir toute éventualité peut être impérieux chez elle et la rendre trop froide et distante pour être une source de réconfort. Dans ce cas, le port du bleu foncé indique un individu accablé par le stress et préoccupé par de nombreux problèmes.

La prédominance du bleu clair dans l'aura indique une nature artistique et raffinée. On le retrouve souvent dans l'aura des peintres, des dessinateurs, des écrivains, des acteurs et d'autres créateurs. Elle signale une imagination effervescente, voire trop dans certains cas. Le bleu clair peut également favoriser l'intuition et susciter une prise de conscience pouvant être ressentie à un niveau inconscient. Cela permet à l'individu d'être à l'écoute des émotions de ceux qui l'entourent, sans qu'il soit nécessairement conscient d'une interaction qui a lieu sur un plan subtil non verbal.

Pendant les périodes de stress, l'habitude de porter du bleu clair indique que la personne doit s'ajuster mentalement très rapidement. Elle peut signaler l'insécurité et le doute de soi, une tendance à s'accommoder trop facilement aux désirs d'autrui parce qu'on est incertain de ses propres désirs. Le port du bleu clair ou la présence de cette teinte dans l'aura peut annoncer une rupture imminente.

Les combinaisons de couleurs

Dominante bleu foncé et jaune

La combinaison de ces couleurs annonce une période de clarté mentale et d'optimisme. La personne qui les porte est sur le point de saisir une occasion qui la mènera vers de grandes choses. Il en est de même lorsque ces couleurs apparaissent dans l'aura. L'alliance du bleu foncé et du jaune symbolise la clarification des priorités, un nouveau départ et l'empressement à foncer. Elle dénote également une période de clarté émotionnelle, l'élimination de toute attitude négative et la célébration de tout ce qui est positif dans la vie.

Dominante bleu clair et orange

Lorsque cette combinaison de couleurs apparaît dans l'aura, ou lorsqu'un individu choisit de porter ces couleurs, cela peut indiquer qu'il se trouve dans un état de surexcitation. Elle dénote une personnalité intense et un besoin désespéré de communiquer ses sentiments les plus profonds. Cet individu peut être en proie à une excitation qui annonce une phase de créativité remarquable. Toutefois, une telle période est rarement facile à vivre parce que cette intensité émotionnelle peut donner l'impression qu'on perd le contrôle. L'esprit conscient doit alors prendre du recul pendant un certain temps pour laisser émerger sa nature véritable.

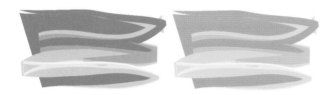

Dominante bleu foncé et vert foncé

Le mélange de nuances plus foncées de bleu et de vert indique une période de stress, ce qui peut résulter d'un surcroît de travail ou d'échéances strictes ou, dans certains cas, d'une difficulté à réconcilier ses émotions avec une situation personnelle difficile. On a l'impression que les décisions prises à ce moment-là sont d'une importance cruciale et qu'on ne peut se permettre de faire une erreur. Lorsque cette combinaison est présente dans la tenue vestimentaire ou dans l'aura, il est temps de se retirer de la course pour quelque temps et de se détendre.

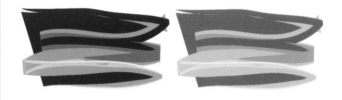

Dominante bleu foncé et rouge

Lorsque l'aura généralement bleu foncé d'une personne prend un ton de rouge, cela indique que quelque chose d'important est sur le point de se produire. L'heure est à l'optimisme. L'individu peut être excité à l'idée d'un changement de mode de vie imminent : une promotion ou peut-être l'aube d'une passion amoureuse, par exemple. Le mariage d'une couleur froide et d'une couleur chaude indique que la personnalité en question a trouvé un certain équilibre.

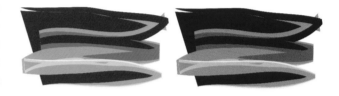

Dominante bleu clair et rose

Le bleu clair combiné avec le rose indique souvent la vanité. Ces deux couleurs sont associées à l'enfance et leur combinaison révèle une effusion d'émotions innocentes, voire naïves. Elle peut également signaler une personnalité flirteuse, un individu qui n'aime personne en particulier mais est plutôt amoureux de l'amour même. Cette personne risque malheureusement de se faire des illusions, et imaginer à tort être l'objet de l'affection d'autrui.

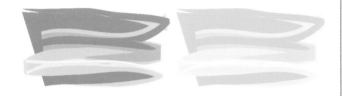

Expressions

Le bleu apparaît dans de nombreuses expressions courantes. La plus commune est sans doute « avoir le blues » qui signifie se sentir déprimé ou, plus précisément, être insatisfait sur le plan émotionnel. Et qui n'a pas entendu parler du blues, un genre musical né dans le sud profond des États-Unis, qui permet souvent de pleurer un amour perdu ou de protester contre l'injustice. Par ailleurs, « l'oiseau bleu du bonheur » exprime la joie depuis que la pièce de théâtre ainsi nommée fut jouée pour la première fois à Londres, en 1910.

Le bleu étant une couleur qui exprime la loyauté et la noblesse d'esprit, l'individu qu'on qualifie en anglais de « true blue » (bleu véritable) ne trahit jamais la confiance qu'on a en lui; un cordon-bleu désigne la personne qui cuisine bien, alors que l'expression « bas-bleu » était jadis utilisée péjorativement pour désigner une femme universitaire dont on considérait qu'elle avait négligé sa féminité en poursuivant ses études (la féminité et la réussite académique étant jugées incompatibles à cette époque). La locution « fleur bleue », quant à elle, réfère à une sentimentalité un peu mièvre et romanesque.

● **L'oiseau bleu symbolise souvent le bonheur.**

Utilisation du bleu en décoration

Le bleu est froid, calmant et rafraîchissant, ce qui en fait une couleur facile à vivre. Il est classé parmi les couleurs fuyantes, qui donnent une impression d'espace. Il est donc aérien et expansif; dans la nature, le bleu est la couleur du ciel clair revigorant et des profondeurs océanes. Le bleu est également réputé pour réduire le rythme cardiaque et est, de ce fait, idéal pour créer un intérieur relaxant.

● *L'expression bas-bleu était jadis utilisée péjorativement pour désigner une intellectuelle pédante.*

Classé parmi les couleurs froides, le bleu a un aspect austère. Il confère une atmosphère paisible, mais pas nécessairement très accueillante, contrairement à un décor basé sur les couleurs chaudes de la roue chromatique.

L'observation de la nature nous permet d'apprécier la gamme infinie de combinaisons heureuses de couleurs avec le bleu. Imaginez, par exemple, un décor méditerranéen avec son ciel d'un bleu éclatant en arrière-plan, ponctué de pots de géraniums roses et rouges ou encore de citronniers d'un jaune vif. Ou représentez-vous les douces combinaisons de couleurs qui caractérisent les paysages côtiers : le sable doré s'alliant aux galets gris aux abords des bassins d'un bleu profond creusés dans le roc.

Le bleu et le vert se marient bien, comme en témoignent les fleurs bleues entourées de feuilles et de tiges de divers tons de vert. Cette combinaison de couleurs confère une atmosphère équilibrante à une pièce. En outre, lorsqu'elles sont associées avec des tons plus clairs, elles créent un décor à la fois paisible et propice à la concentration, ce qui en fait une combinaison idéale pour une chambre à coucher ou un bureau.

Le rouge vif crée un puissant contraste avec le bleu. Il peut ainsi rehausser agréablement un agencement de couleurs à prédominance bleue.

● *Le mariage du bleu et du vert est très populaire en décoration.*

Le rouge pur offre un agréable contraste avec le bleu foncé, alors que le rose se marie heureusement avec un ton de bleu plus pâle.

Le blanc est l'allié traditionnel du bleu; cette association se retrouve depuis des siècles dans les porcelaines ainsi que dans les tissus. Cette mode date probablement du XVIIe siècle, à l'époque où les Chinois commencèrent à exporter de grandes quantités de porcelaine vers l'Europe.

● *Les teintes de rouge, comme le rose, se marient très bien avec le bleu.*

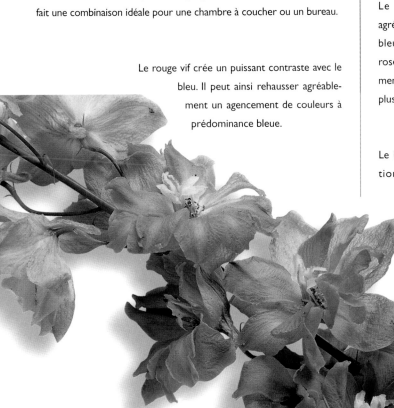

● *Une tige de fleurs bleues présente une combinaison très agréable à l'œil.*

L'association du jaune et du bleu est très populaire. Ces couleurs contrastantes situées à l'opposé l'une de l'autre sur la roue chromatique forment une combinaison éclatante, mais harmonieuse. Utilisées sous leur forme la plus pure et la plus intense, ces couleurs font bel effet, évoquant un soleil d'été dans le ciel bleu de la Méditerranée. Le jaune citron pastel et le bleu ciel tendre ajoutent une note de chaleur et de douceur. La combinaison jaune-bleu est optimale lorsque les tons utilisés s'équivalent. Il est donc important d'en tenir compte lorsque vous planifiez votre décoration.

● **L'association du jaune et du bleu est populaire en décoration.**

● **Le contraste du bleu et du jaune est rafraîchissant.**

Une pièce décorée où l'on ne retrouve que des couleurs de même valeur tonale manque de profondeur, d'intérêt et de personnalité. Il est donc recommandé de rehausser l'ensemble au moyen d'une couleur accent et de tons contrastants. Cela conférera énergie et vitalité à la

pièce et devrait avoir pour résultat un schéma décoratif complémentaire.

On remarque différentes nuances de bleu dans un large éventail de styles historiques ou régionaux. Les décorateurs contemporains en apprécient particulièrement le caractère expansif. Ils l'utilisent avec bonheur pour définir des zones d'une pièce qui profitent de son effet d'éloignement. Dans ce cas, le bleu est le plus souvent utilisé en blocs plutôt qu'en masse, car cette dernière stratégie réduirait le pouvoir véritable de cette couleur. Dans un contexte contemporain, « mieux vaut moins que trop ».

● **Des valeurs tonales égales donnent un effet plat et sans intérêt.**

Le bleu avait également sa place dans la palette des décorateurs de l'époque victorienne. Le bleu royal foncé avait la faveur pour les revêtements muraux, les tissus et les carreaux de céramique. Avant eux, les décorateurs géorgiens recouraient également à une gamme choisie de bleus pour les tentures et autres tissus.

● *L'aigue-marine est une couleur d'arrière-plan rafraîchissante.*

L'aigue-marine

L'aigue-marine est une couleur tertiaire ou intermédiaire : elle provient du mélange d'un bleu primaire avec un vert secondaire. Il s'agit d'une couleur relaxante et propice à la concentration, tirant parti des nombreux attributs de ses couleurs parentes, le bleu et le vert. Elle a un caractère expansif et est apaisante et sereine.

Cette couleur est depuis longtemps appréciée des décorateurs d'intérieurs. Elle est polyvalente, ses différentes nuances convenant à la fois à un style traditionnel ou régional. Les décorateurs géorgiens, par exemple, avaient une prédilection pour l'aigue-marine, une couleur d'arrière-plan idéale pour mettre en valeur tableaux et meubles précieux.

Les tons de bleu-vert plus prononcés sont associés au style méditerranéen, évoquant la couleur de la chaude Méditerranée et apportant profondeur et richesse à un décor. On retrouve cette couleur sous une forme plus subtile due à l'effet décolorant du soleil. Les portes, notamment, acquièrent une merveilleuse patine avec l'âge, ce qui confère une nouvelle dimension à cette couleur. Les décorateurs britanniques et américains tentent souvent de recréer cet effet.

L'aigue-marine s'allie avec bonheur à des couleurs telles que le violet, le bleu, le crème ou le blanc. Utilisée conjointement avec des éléments naturels tels que le bois, l'ardoise et le métal, elle s'avère un précieux allié du décorateur contemporain.

Le jaune

Couleur primaire, le jaune est associé à l'esprit. Son éclat empreint d'optimisme stimule l'intellect et la curiosité. Il n'est pas difficile de voir pourquoi le jaune est considéré comme la couleur des scientifiques, des chercheurs et de ceux devant faire preuve de concentration. Cette couleur symbolise également la vitesse, tout particulièrement la vitesse de la pensée et la capacité à prendre des décisions rapidement.

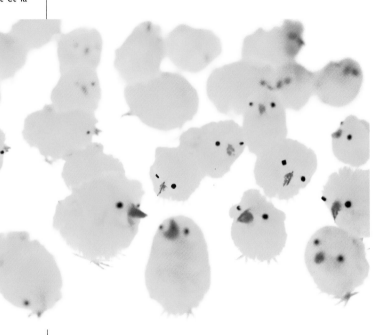

Lorsqu'une personne est hésitante ou incertaine de la direction à prendre, porter du jaune vif ou s'en entourer lui permettra de concentrer son attention sur le problème qui se pose et de dissiper ainsi toute indécision. L'utilisation du jaune est également recommandée dans le cas d'un problème de communication. Chez un individu qui se sent seul ou incapable d'établir un contact véritable avec autrui, cette couleur vive favorise l'expression et confère esprit et style.

● *Le jaune est associé à la nouveauté.*

Le symbolisme

Le symbolisme du jaune est contradictoire. Sous son aspect positif, il s'apparente à l'or, couleur du soleil. Le jaune plus foncé, rappelant la couleur de l'urine, a toutefois des connotations fort différentes.

Sous son visage positif, le jaune représente la couleur de l'intellect, la primauté de l'esprit sur les bas instincts. Il est associé à la nouveauté, à l'optimisme, à la bonté et à la fidélité. Sous ses aspects plus sombres et négatifs, le jaune dénote la traîtrise, la perfidie, la lâcheté et l'avidité. Cette ambivalence se reflète dans le caractère du dieu romain Mercure, messager des dieux de l'Olympe, dont est dérivé le terme « mercure » désignant le métal qui change constamment de forme. Bien qu'il fût le messager de confiance de Jupiter, son père, Mercure exerça une influence trompeuse et fourbe dans la vie des autres dieux et des humains : il est d'une part le dieu du commerce et des négociants et, d'autre part, le dieu des voleurs et des escrocs.

En France, lors de la Révolution, on peignait de jaune la porte des traîtres présumés du nouveau régime. Le jaune était également la couleur du pavillon de quarantaine déployé par les navires frappés par la peste.

Le jaune a également servi à figurer l'hérésie contre les doctrines de l'Église catholique : les « hérétiques » condamnés au bûcher étaient

● *Le jaune représente le soleil.*

souvent vêtus de jaune lors de leur mise à mort. De même, les membres de la communauté juive furent contraints de porter du jaune à l'époque médiévale. Cette pratique resurgit en Allemagne nazie, où on imposa aux Juifs le port d'une étoile jaune (prélude aux horreurs des camps de concentration).

Mots clés associés au jaune

POSITIFS	NÉGATIFS
Alerte	Évasif
Vif	Préoccupé
Diligent	Prompt
Concentré	Obsessif
Honnête	Cynique
Adaptable	Inconstant
Spirituel	Sarcastique

L'astrologie

La vivacité d'esprit, la curiosité et le désir de communiquer relient le jaune au symbolisme astrologique de la planète Mercure et de ses deux signes : Vierge et Gémeaux. Mercure est également associé au voyage, au commerce ainsi qu'à la perception quasi immédiate.

On dit généralement que le signe des Gémeaux a beaucoup d'affinités avec le jaune. Cette couleur peut toutefois être utilisée avec succès par les natifs de la Vierge; elle leur permet notamment d'atténuer leur attention aux détails parfois obsessive. Le port du jaune est réputé aider à concentrer son esprit sur les faits pertinents au lieu de se laisser submerger par des informations inutiles. Les individus chez qui l'influence de Mercure ainsi que du signe des Gémeaux ou de la Vierge joue un rôle important constateront que le jaune est une couleur qui leur réussit très bien.

Le feng shui

Le jaune joue un rôle central dans le feng shui. Dans le symbolisme chinois, le jaune est lié à l'élément Terre. Il représente le point central de toute chose et contribue tout particulièrement à la santé. Un tapis, un ornement ou un objet de couleur jaune placé au centre de votre foyer favorisera votre bien-être et aidera à rétablir l'ordre dans votre vie.

En raison de son rôle central, le jaune était également utilisé pour symboliser l'empereur, autorité suprême de l'État. Dans la Chine ancienne, seul l'empereur pouvait porter du jaune : toute autre personne qui avait la témérité de porter cette couleur connaissait une fin misérable. Il est intéressant de noter que le jaune et le pourpre se trouvent à l'opposé l'un de l'autre sur la roue chromatique : en Orient, la couleur du pouvoir impérial est le jaune tandis qu'en Occident, c'est le pourpre qui symbolise l'autorité.

● *Selon le feng shui, un ornement jaune placé au centre du foyer favorise le bien-être.*

La psychologie du jaune

Il n'y a aucun doute que le jaune apporte la joie. Tout comme le tournesol se tourne pour suivre le soleil, le jaune dispose l'esprit à l'optimisme et aux souvenirs heureux. Le jaune clarifie la pensée. Il favorise également une évaluation juste des événements de sa vie. Quand la dépression s'annonce, le fait de s'entourer de cette couleur joyeuse aide à entretenir une attitude positive et à trouver la façon d'affronter sa situation.

● *Le tournesol est le symbole par excellence de la joie et de la luminosité associées au jaune.*

Le jaune et le corps

Tant dans la tradition orientale qu'occidentale, le jaune est associé à l'estomac. Nous avons déjà mentionné le fait que le jaune est lié au centre de toute chose dans la croyance chinoise; dans le cas présent,

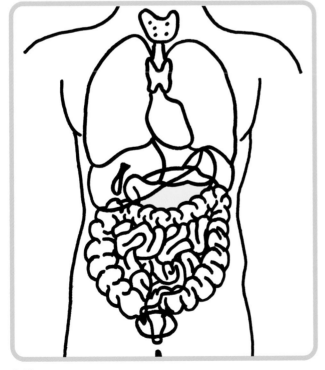

● *L'estomac*

nous pouvons donc considérer l'estomac comme le centre du corps. La médecine chinoise considère aussi l'estomac en tant que régulateur des fonctions corporelles et insiste beaucoup sur l'importance de nettoyer et de purifier le système à l'aide d'un régime alimentaire sain et équilibré. Les aliments jaunes tels que la banane, le citron, le pamplemousse et le maïs sont non seulement d'excellents agents purificateurs mais contribueraient à soulager les tensions internes et à dissiper le découragement.

Dans les traditions mystiques de l'Inde, le jaune est la couleur du chakra du plexus solaire (estomac) et est, là encore, lié à l'équilibre. Les organes qui sont en résonance avec le jaune comprennent le pancréas, la rate, le système digestif, la peau et l'ensemble du système nerveux.

● *Les aliments jaunes purifient et revitalisent l'organisme.*

En chromothérapie, le jaune est principalement utilisé pour éliminer les toxines et stimuler le flux des sucs gastriques. Les problèmes menstruels et hormonaux peuvent également être soulagés par la lumière jaune, le port de vêtements jaunes ou le fait de s'entourer de cette couleur. De nombreux chromothérapeutes recourent au jaune pour soulager le diabète, les rhumatismes et les troubles du comportement alimentaire.

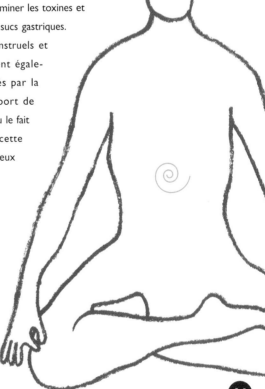

Nuances et tons de jaune

Outre les interprétations générales de cette couleur primaire, les différentes nuances et teintes de jaune ont leur propre signification.

Le jaune foncé

Les individus attirés par les tons de jaune foncé sont souvent enclins à un manque d'estime d'eux-mêmes. Ce sentiment peut s'exprimer par des phases régulières de découragement. Le ronchonnement excessif est symptomatique de ce type d'individu.

Le jaune citron

Les personnes portées sur le jaune citron sont souvent des solitaires. Autonomes, elles désirent une vie rangée et sont très sensibles à la critique. Elles réussissent toutefois grâce à leur esprit astucieux.

Le jaune citrin

Les adeptes du jaune citrin sont très versatiles, pour ne pas dire inconstants : les relations amoureuses en série ne sont pas rares chez ce type d'individu. D'une intelligence superficielle, ils sont touche-à-tout et ne deviennent experts en rien.

Le jaune primevère

Une vive curiosité caractérise les personnes attirées par le jaune primevère. Leur intérêt se porte constamment sur des détails qui ont captivé leur attention. Ce type d'individu passe souvent de longues périodes à s'adonner à des activités solitaires et est très sensible à la discorde et à la critique.

Le crème

Bien que le crème s'apparente au blanc, l'interprétation qu'on en fait le place parmi le groupe des jaunes. Les personnes portées sur les nuances subtiles du crème aiment les nouvelles idées et sont ouvertes aux influences nouvelles. Elles ont toutefois grand besoin d'être rassurées pour être heureuses.

Le jaune dans l'aura

Le jaune peut apparaître dans l'aura sous forme d'ambre ou d'une teinte tirant sur le citron. L'ambre dénote un individu à la recherche du changement dans sa vie. Dans ce ton, la clarté du jaune est rehaussée par le caractère éclatant de l'orange; c'est la couleur de l'intention claire et de la force de caractère. L'ambre exprime l'intelligence, la perspicacité et l'originalité, combinées avec une nature enjouée et joyeuse. Lorsque l'ambre prédomine dans l'aura d'un individu, ou qu'il a une préférence marquée pour cette couleur, le courage de ses convictions est souvent l'un de ses principaux traits de caractère.

Les individus affichant cette couleur sont très rationnels et ont tendance à voir le bon côté des choses. Ils ont un sens de l'orientation très développé et savent où ils vont dans la vie. En accord avec la versatilité du jaune, les individus portés sur le jaune citron s'adaptent très facilement et s'adonnent souvent à plusieurs activités à la fois.

Le côté négatif du jaune citron n'est pas évident; il peut indiquer une tendance à manipuler, à faire des déclarations outrancières ou à mentir dans le but d'atteindre un objectif jugé important.

● *Le port de l'ambre peut refléter un besoin de faire bonne impression.*

Le port prolongé de l'ambre peut être associé avec l'obtention d'un nouvel emploi plus épanouissant, la réussite d'examens ou, plus généralement, le désir de faire bonne impression à l'égard de personnes importantes. Sous un angle plus négatif, l'ambre peut dénoter l'arrogance.

Lorsque le jaune citron ressort dans l'aura, il s'agit là d'un signe positif indiquant une attitude dynamique, le bien-être physique et une personnalité heureuse. Cette personne rayonne d'énergies positives; ni le doute de soi ni les opinions négatives d'autrui ne l'influenceront.

Les combinaisons de couleurs

Dominante ambre et vert clair

Cette combinaison de couleurs, dans la tenue vestimentaire ou l'aura, indique une personnalité excentrique qui possède néanmoins un flair créatif et l'élan pour réussir. On la retrouve chez les personnes qui aiment ce qu'elles font, sont motivées et prennent plaisir à être adulées. Ce type d'individu ne se prend cependant pas trop au sérieux, est capable de rire de lui-même et d'apprécier la folie du monde.

Dominante ambre et rouge

Une personne affichant la combinaison d'ambre et de rouge est une personne qui n'a pas froid aux yeux. Elle peut déjouer les obstacles et venir à bout de l'opposition par sa pensée, sa rapidité d'action et son habileté. Ce type de personnalité vise le sommet, et gare à qui aurait la témérité de s'opposer à cette ambition. Cette aura caractérise les êtres qui ont réalisé de grandes choses, les individus entreprenants de ce monde, capables de prendre des décisions d'une grande portée sans trop de stress.

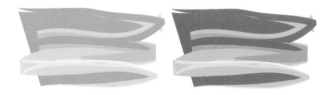

Dominante jaune citron et bleu ciel

La combinaison du jaune citron au bleu ciel indique une nature très réceptive. Elle dénote un esprit ouvert, une vision et une compréhension claires des choses. Il ne s'agit pas là d'une personne calculatrice mais, au contraire, vivante, spontanée et enthousiaste. Comme tous les types à dominante jaune, cette personne est dotée d'une imagination fertile, a tendance à faire des rêves signifiants et est généralement heureuse.

Dominante jaune citron et orange

Les individus attirés par la combinaison du jaune citron et de l'orange ont un grand besoin d'être reconnus. Ils adorent être remarqués, admirés et appréciés pour leur esprit, leur talent et leur originalité. Ils peuvent toutefois être très critiques envers autrui, envieux de ceux qui ont plus de succès qu'eux et très dogmatiques dans leurs opinions. Heureuse en compagnie d'êtres dynamiques, la personne portée sur cette association de couleurs a souvent peur de se retrouver seule pendant une période prolongée.

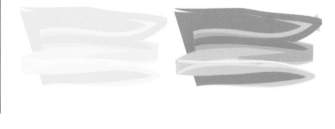

Expressions

Le jaune est généralement utilisé pour indiquer la lâcheté, comme l'illustre l'expression anglaise « yellow-belly » (littéralement « ventre jaune »), qui désigne le froussard.

Utilisation du jaune en décoration

Couleur primaire, le jaune est dynamique, chaleureux et joyeux. Sous sa forme la plus pure, il évoque le soleil, apportant lumière et vie aux espaces les plus sombres et tristes.

Le jaune est l'une des couleurs les plus utilisées en décoration moderne. Il ne s'agit toutefois pas d'une couleur nouvelle dans la palette du décorateur d'intérieurs. Le jaune vif apparut pour la première fois au début du XIXe siècle; associé au noir, son utilisation se répandit dans les décors néo-classiques. Avant son arrivée, des pigments naturels allant de l'ocre à la terre de Sienne étaient couramment utilisés, donnant toute une gamme de couleurs, du jaune doux au jaune éclatant.

● *Le jaune est souvent associé à toute une gamme de teintes naturelles.*

Le jaune est convivial et peut s'avérer un excellent atout décoratif, car il est suffisamment fort sans pour autant être écrasant ou oppressif. Des pièces mal éclairées par la lumière naturelle peuvent sembler surchargées; une pièce décorée à l'aide de nuances de jaune semblera plus spacieuse et élégante.

Si vous souhaitez utiliser le jaune comme base d'un décor monochrome, l'effet sera réussi si vous utilisez une variation tonale adéquate. Divers tons et nuances de jaune ponctués d'une touche de non-couleur, comme le blanc ou le noir, feront bel effet.

La combinaison du jaune et du bleu est harmonieuse pour un intérieur. Elle convient à divers styles, chacun conférant une atmosphère différente. Le jaune soleil et le bleu clair forment une association vivante, moderne et chaleureuse, tandis qu'une pièce décorée de jaune crème et de bleu de Chine doux peut être très apaisante, et avoir un caractère plus traditionnel.

Le jaune est particulièrement compatible avec les bleus d'une valeur tonale, ou profondeur, égale à la sienne. Il en résulte un agencement de couleurs contrastantes très équilibré, étant donné que ces couleurs se trouvent à l'opposé l'une de l'autre sur la roue chromatique.

Le jaune et le vert, couleurs adjacentes sur la roue chromatique, forment également une association de couleurs harmonieuse. L'image de boutons d'or parsemant un pré vert illustre bien cette alliance naturelle de couleurs. Le vert peut faire ressortir une gamme de jaunes dans une pièce. Le vert jaune s'allie avec bonheur au jaune vif dans un cadre contemporain, ou au vert cendré dans une pièce plus traditionnelle. Si le jaune et le vert sont utilisés en proportions à peu près égales dans un agencement de couleurs, une troisième couleur s'avérera peut-être nécessaire pour ajouter de la profondeur et du contraste à la pièce. Dans ce cas, choisissez une couleur se situant à l'opposé du jaune ou du vert sur la roue chromatique. Les couleurs pêche ou ocre brun, par exemple, offrent un contraste parfait.

L'association du rose et du jaune peut donner un résultat très réussi et créer un effet étonnant. Là encore, il est recommandé de combiner des couleurs de valeur tonale égale. Le jaune vif et la couleur cerise forment une combinaison idéale pour un décor contemporain. Si les deux couleurs sont appliquées en proportions égales, ajoutez une petite touche de vert jaune pour faire pencher la balance et créer un agencement parfait. Le jaune et le rose ou rose corail créent un environnement traditionnel frais et ensoleillé. Il existe en fait de nombreux chintz fleuris anciens dans ces couleurs. Dans une pièce où ces coloris prédominent, une touche de vert herbe ou d'avocat clair fera ressortir l'ensemble.

La nuance ou le ton de jaune choisi doit refléter le style ou l'atmosphère que vous tentez de créer. Vous pouvez, pour ce faire, vous inspirer de nombreux styles historiques et régionaux. À la fin de l'époque géorgienne, par exemple, les couleurs devinrent plus vives, d'où la popularité du « jaune de Chine ». Le jaune moutarde était

apprécié des décorateurs victoriens, allié aux ornements dorés ou aux couleurs contrastantes que sont le bleu intense, le vert foncé ou le bordeaux.

Un certain air traditionnel se dégage des intérieurs de style « campagnard ». On y retrouve plusieurs nuances de jaunes inspirées des jardins rustiques. Dans un tel environnement, de nombreux tissus fleuris capturant les jaunes présents dans la nature sont utilisés comme point d'ancrage. Les coloris des plates-bandes printanières constituent un bon éventail. Ces couleurs peuvent créer un bel effet lorsque placées contre la douce lumière d'un arrière-plan jaune.

● *Le jaune et le bleu se marient très bien.*

● *L'ocre brun et le jaune créent un effet rustique agréable à l'œil.*

Les gammes de couleurs qui sont la marque des régions méditerranéennes contiennent plusieurs nuances et tons de jaune. En Provence, par exemple, la luminosité et les couleurs du sud de la France inspirent l'association du jaune soleil avec le rouge provençal et l'ocre brun. Cette chaude nuance de jaune se marie aussi avec bonheur au bleu vif et au vert olive.

La palette espagnole, quant à elle, comprend de nombreuses couleurs utilisées dans toute la région méditerranéenne. Nous y trouvons des bleus contrastant avec le jaune soleil, le vert olive et le rose géranium. La gamme de couleurs grecque, de son côté, se caractérise par l'ocre et les tons de sable.

Les intérieurs marocains capturent eux aussi la chaleur du pays à l'aide de tons de terre. L'ocre jaune et les couleurs épicées telles que le jaune du curcuma et l'or riche du safran se marient merveilleusement aux couleurs chatoyantes et aux objets métalliques. Les décors ainsi obtenus évoquent parfaitement le riche héritage de ce pays magique.

Le jaune s'avère un précieux allié du décorateur moderne. Il confère non seulement lumière et vie à l'espace ambiant mais remonte le moral de ceux qui y vivent. Cela en fait une couleur idéale pour n'importe quelle pièce de la maison. Imaginez vous réveiller chaque matin dans une chambre ensoleillée, franchir une entrée qui apparaît spacieuse et débordante de la vitalité associée aux lieux inondés de lumière, ou encore vous détendre dans une salle de bains chaleureuse qui vous réconforte même les jours les plus sombres. Tout cela est à votre portée grâce au jaune.

chapitre 4 **Les couleurs secondaires**

Les couleurs secondaires proviennent du mélange d'au moins deux couleurs primaires. Elles comprennent le vert, mélange de bleu et de jaune; l'orange, combinaison de jaune et de rouge; et le pourpre ou violet, mariant la chaleur du rouge à la froideur du bleu. Le symbolisme de ces couleurs est souvent complexe et contradictoire, en raison de leur ascendance variée.

Le vert

Le vert regroupe des couleurs composées de bleu et de jaune. Il est avant tout la couleur de la végétation luxuriante, de la vie nouvelle et du printemps. Le vert évoque également les qualités vivifiantes du soleil (jaune) combinées avec le ciel (bleu) pour mettre une vie nouvelle au monde.

Couleur de la nature dans toute sa profusion, le vert est par le fait même la couleur de la reproduction et celle des amoureux. Le vert vif représente l'espoir de l'amour naissant tandis que les tons plus foncés symbolisent l'envie et les émotions négatives accompagnant l'amour qui a tourné au vinaigre.

Le symbolisme

Bien que le vert soit associé à la croissance et à la végétation, son symbolisme n'est pas sans ambivalence. Il évoque la jeunesse et le printemps, mais aussi la moisissure et la décrépitude. Le vert est donc à la fois associé à la vie et à la mort. C'est pourquoi certains y voient une couleur porte-bonheur tandis que d'autres le considèrent comme une couleur qui porte malchance. En Europe occidentale, la croyance voulait que le vert soit la couleur préférée des fées, non pas des sylphes

aux ailes argentées de l'ère victorienne, mais de ces esprits puissants et obstinés qui pouvaient condamner une personne à la malchance si elle avait la témérité de porter du vert. Encore aujourd'hui, nombreux sont ceux qui refusent de conduire une voiture verte, sous prétexte que les véhicules de cette couleur sont plus sujets aux accidents.

Mots clés associés au vert

POSITIFS	NÉGATIFS
Croissance	Décrépitude
Fructueux	Amer
Tolérant	Suspicieux
Talentueux	Envieux
Frais	Putride
Chanceux	Malchanceux
Généreux	Avare
Aimant	Jaloux

L'astrologie

En astrologie occidentale, le vert est associé aux signes de terre que sont le Taureau, la Vierge et le Capricorne. La Vierge et le Capricorne sont portés vers les nuances de vert plus foncées tandis que le symbolisme principal du vert est réservé au Taureau et à Vénus, la planète qui le gouverne. Dans la mythologie romaine, Vénus était la déesse de l'amour et, en astrologie, le monde des émotions est fortement influencé par sa couleur, le vert.

Vénus et le signe du Taureau sont tous deux associés au confort et à la prospérité. On dit du Taureau qu'il gouverne les propriétaires fonciers, les agriculteurs et les banquiers. En outre, les individus fortement influencés par Vénus ou nés sous le signe du Taureau sont réputés savoir gérer l'argent et avoir le « pouce vert », ce qui fait d'eux d'excellents jardiniers.

● *Le vert est souvent considéré comme une couleur porte-bonheur.*

Le feng shui

Dans la tradition chinoise, le vert et le bleu clair sont interchangeables. (Ce concept n'est pas propre à l'Orient : plusieurs langues celtiques n'avaient qu'un mot pour désigner le bleu et le vert.) La couleur verte symbolise l'Est, de l'élément Bois et le puissant dragon vert ou azuré. L'Est est également associé au symbole « Chen » ou « tonnerre » évoquant une croissance explosive. « Chen » peut aussi signifier « fils aîné », ce qui fait du vert la couleur de l'héritier d'une propriété ou d'une fortune. Il est également associé à une violente averse qui fertilise la terre.

● *La couleur verte peut symboliser la foudre.*

Toutefois, conformément à son caractère ambivalent, le vert peut également représenter des crues subites et la foudre. Les animaux associés au vert sont la cigale, l'aigle, l'hirondelle et, bien sûr, le dragon.

La psychologie du vert

Le vert est considéré comme une couleur très harmonieuse. Il est associé aux émotions et à la manière positive ou négative selon laquelle on les exprime. Par conséquent, les individus influencés par le vert peuvent voir les deux côtés d'une situation ou d'une question, mais ont généralement un sens moral très développé du bien et du mal. Ils ont tendance à porter des jugements catégoriques, mais font preuve d'idéalisme et d'altruisme.

Le vert provient du mélange des couleurs primaires jaune et bleu. Le bleu confère perspicacité et vision tandis que le jaune apporte clarté et optimisme. Le port du vert est donc recommandé pour favoriser la générosité, tant spirituelle que matérielle. Cette couleur améliore également la mémoire : le fait de la porter ou de s'en entourer stimule l'aptitude à se souvenir. Une utilisation exagérée du vert peut cependant indiquer une difficulté à surmonter des souvenirs tristes qui empêchent de vivre une vie satisfaisante. Il peut y avoir un conflit entre les idéaux et les besoins émotionnels. Tout comme le signe astrologique du Taureau, les personnes influencées par le vert ont cependant la ténacité et la détermination nécessaires pour résoudre ce problème, peu importe le temps que cela prendra.

● *Le vert peut favoriser la générosité.*

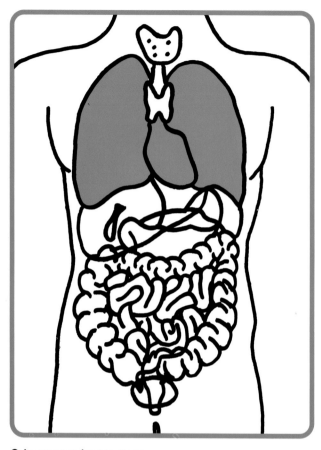

● *Le cœur et les poumons*

Le vert et le corps

Le vert est l'une des grandes couleurs guérisseuses en raison de son association avec la vie nouvelle et la croissance. L'organe principal qui lui correspond est le cœur, foyer symbolique de l'amour. Il est également lié au fonctionnement du thymus, de la partie inférieure des poumons, de la poitrine et des épaules. Les chromothérapeutes recourent à la lumière verte pour tonifier l'organisme et combattre l'épuisement.

La lumière verte aide également à restaurer l'équilibre, à combattre la nausée et à dissiper les maux de tête. On dit aussi que le vert contribue à soulager la claustrophobie et à faire face aux souvenirs traumatisants. Les légumes verts comme le chou, le concombre, les pois, les lentilles et les épinards améliorent l'endurance physique et purifient l'organisme.

Nuances et tons de vert

Le vert tendre

Le vert tendre est associé à la jeunesse et à une attitude enjouée. Il évoque également une certaine immaturité. Une attitude juvénile n'est cependant pas toujours négative car elle confère la capacité de quitter un mauvais emploi, de voir les choses avec un regard neuf et de réorienter sa vie. Malheureusement, elle favorise aussi une tendance à l'indécision; ce type d'individu peut donc passer une bonne partie de son temps à se demander ce qu'il doit faire.

Le vert jade

En Orient, le jade est considéré comme la plus précieuse des pierres. Sa couleur est, par conséquent, réputée propice. Le vert jade calme l'esprit, favorise la sagesse et aide l'individu à comprendre les rouages cachés de l'univers. Même à la personne qui n'entretient pas des aspirations aussi grandioses, cette couleur confère une attitude philosophique empreinte de bon sens. On dit des gens attirés par le vert jade qu'ils sont éclairés.

Le vert olive

Le vert olive évoque l'amertume, les émotions qui ont tourné au vinaigre et l'effet négatif qui en résulte sur le caractère. Cette couleur n'a toutefois pas uniquement des connotations négatives. Elle exprime la douleur émotionnelle née de la déception de soi-même, mais implique également la force de caractère qui permet de traverser les moments difficiles et d'en ressortir grandi. Par conséquent, l'individu attiré par

le vert olive est attentif aux sentiments d'autrui et sera secourable dans les situations délicates.

Le vert émeraude

Cette couleur est associée à l'« île d'émeraude » qu'est l'Irlande et a la faveur des Irlandais et de leurs descendants à travers le monde. Le vert émeraude symbolise le bien-être matériel, allié à une nature accommodante.

Le vert foncé

Le vert foncé dénote principalement un caractère possessif et les personnes qui le portent en permanence sont souvent égocentriques et inconscientes des besoins et désirs d'autrui. Une attirance excessive pour le vert foncé peut être symptomatique d'une tendance aux remords et aux regrets. Ce type d'individu est susceptible d'être en proie à un ressentiment de longue date causé par un traumatisme émotionnel.

Le vert dans l'aura

Dans l'aura, le vert clair et le vert foncé n'ont pas la même signification. Le vert foncé indique la fiabilité tandis que le vert clair dénote l'initiative. En règle générale, plus le vert est foncé, plus il y a de chances que la personne ait confiance en elle.

Un individu chez qui le vert foncé domine dans l'aura indique une personnalité stable parfaitement à même de faire face à une crise sans paniquer. Le bon sens et le pragmatisme caractérisent ce type d'individu, ainsi que l'amour de la nature. Cependant, il aura tendance à ne pas se donner le temps de récupérer après des efforts physiques ou mentaux. Il peut également être très dur envers lui-même et fait souvent fi des signes de fatigue ou de stress.

Une aura à dominante vert clair signale souvent une personne riche, travaillant dans le domaine financier ou en contact quotidien avec de l'argent. Ce type d'individu est pratique et terre à terre, mais est moins sérieux que celui qui est doté d'une aura vert foncé. Il a toutefois tendance à vouloir plaire à autrui sans tenir compte de ses propres besoins, et à manquer de tact.

Les combinaisons de couleurs

Dominante vert foncé et bleu ciel

Il s'agit là d'une combinaison qui indique la liberté de pensée et la créativité. L'individu doté d'une telle aura possède également un sens pratique et l'élan pour réaliser ses rêves. Cette combinaison de couleurs signale également la capacité de compléter ses tâches à temps.

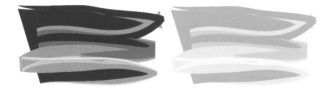

Dominante vert clair et bleu

L'alliance du vert clair et du bleu dans l'aura dénote un talent artistique. Une telle aura se retrouve souvent chez les artistes visuels, les écrivains, les musiciens, les acteurs ainsi que les artisans. Cette combinaison de couleurs inspire son heureux détenteur à se déployer sur le plan créatif, sans toutefois lui garantir la reconnaissance publique ni la récompense matérielle.

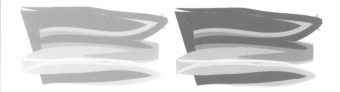

Dominante vert foncé et rouge

Cette combinaison très passionnée apparaît souvent dans l'aura des leaders politiques, des grands industriels et des chefs militaires. Elle indique un individu qui prend des risques tout en évaluant la situation avec soin avant d'entreprendre une action radicale. Cet être peut sembler insouciant à l'observateur extérieur mais, en fait, tous ses gestes sont calculés. Même lorsqu'une stratégie risquée ne fonctionne pas, il trouvera une façon de s'en sortir sans que ni lui ni sa réputation n'en pâtisse.

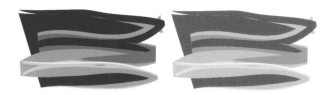

Dominante vert clair et jaune

Cette combinaison indique un amour de la vie et un esprit exubérant. Pour l'individu doté d'une telle aura, la vie est une fête perpétuelle. Tant qu'il est entouré de gens intéressants avec qui il peut s'amuser, il ne se laisse jamais abattre. C'est un être dynamique, impatient, qui a de la difficulté à se concentrer et qui a toujours besoin de bouger. Il adore les voyages et l'aventure.

● *Le terme « Greenback » (littéralement, dos vert) réfère au dollar américain.*

Expressions

Il existe une foule d'expressions qui font référence au vert. L'expression anglaise « to be green around the gills » (littéralement « avoir les ouïes vertes ») signifiait jadis avoir le mal de mer mais peut de nos jours référer à toute forme de nausée, y compris à la gueule de bois. On peut aussi être « vert d'envie » ou faire l'expérience du « monstre aux yeux verts » qu'est la jalousie.

Par ailleurs, on dit de l'excellent jardinier qu'il a le pouce vert. Obtenir le « feu vert » signifie recevoir l'autorisation d'entreprendre un projet tandis que l'expression anglaise « greenhorn » (littéralement « corne verte ») désigne le novice sûr de lui-même. Au théâtre, la salle où se retrouvent les comédiens avant de monter sur scène est appelée an anglais « green room » (salle verte), car on la peignait de cette couleur relaxante pour reposer la vue des acteurs éprouvés par les éclairages de la scène.

Le dollar américain est souvent appelé « green stuff » (« chose verte ») ou « greenback » (dos vert) en raison de la couleur de cette devise, qui vit le jour en 1862 lors de la Guerre de Sécession.

Utilisation du vert en décoration

Le vert est une couleur secondaire obtenue par le mélange de deux couleurs totalement opposées, le jaune et le bleu. C'est une couleur très équilibrée et harmonieuse. C'est pourquoi on l'utilisait pour décorer le foyer des acteurs au théâtre, car il crée une atmosphère apaisante idéale pour calmer les nerfs et soulager le trac.

Associé à la nature, le vert est très reposant pour l'œil, relaxant et polyvalent. De nombreux tons et nuances de vert peuvent être combinés dans un décor monochrome pour créer un effet harmonieux. Cette association avec la nature se reflète dans les noms choisis pour désigner les différents tons et nuances de vert à la disposition du décorateur d'intérieurs : pomme, herbe, mousse, lime, sauge et avocat, pour n'en citer que quelques-uns.

Le vert est la couleur idéale pour décorer un bureau ou une salle de travail, où la concentration est importante. Le vert est une couleur très équilibrée en raison de la valeur tonale égale de ses couleurs parentes, le jaune et le bleu. C'est pourquoi il crée dans une pièce une atmosphère apaisante qui rejaillit sur les personnes qui s'y trouvent.

Les verts qui tirent sur le jaune, ont un effet revigorant. Couleur des bourgeons qui éclatent au printemps, le vert jaune crée une atmosphère optimiste et stimulante. Elle est idéale pour un intérieur moderne et jeune, ou pour faire ressortir les autres couleurs d'un décor.

Le vert faisant partie des couleurs froides de la roue chromatique, plusieurs de ses tons clairs peuvent donner une impression d'espace dans une pièce. Bien qu'il ne soit pas aussi fuyant que le bleu, il crée néanmoins une atmosphère plus ouverte que les couleurs chaudes de la roue chromatique.

● *Le vert jaune a un effet revigorant.*

Les verts tirant sur le bleu possèdent certaines des qualités reposantes attribuées à cette couleur parente. Calmants et expansifs, ils conviennent à merveille à une pièce consacrée à la relaxation.

Les agencements de couleurs combinant des tons ou nuances de vert avec du crème ou du blanc mettent en valeur les qualités de la couleur choisie. Selon les couleurs utilisées, la pièce sera calmante, reposante ou contemplative, jamais trop recherchée ni oppressive.

● *La combinaison du vert et du rouge se retrouve souvent dans les tissus écossais.*

En décoration comme dans la nature, le vert se marie extrêmement bien avec la plupart des couleurs. Il se combine avec bonheur avec les couleurs adjacentes sur la roue chromatique. L'association du vert avec le bleu-vert et le jaune vert donne un agencement naturel très relaxant. La couleur partenaire la plus forte du vert est le rouge. Directement à l'opposé sur la roue chromatique, le vert et le rouge créent un contraste frappant lorsqu'ils sont utilisés sous leur forme la plus pure. La combinaison du rouge et du vert était souvent utilisée dans les intérieurs victoriens. Masculine et forte, elle est l'option idéale pour le décorateur souhaitant capter l'essence du style de cette période. On la retrouve dans de nombreux tissus d'ameublement traditionnels, tels que le plaid écossais, les tissus à carreaux ou à motifs de feuilles stylisées (cachemire).

● *L'impression cachemire est un classique.*

L'association de teintes plus douces de vert et de rouge est agréable à l'œil, notamment dans les papiers peints et tissus fleuris utilisés pour une pièce de style campagnard. Certains décorateurs modernes recherchant un effet plus prononcé associent le rose vif au vert jaune.

L'ocre brun et les nuances de bordeaux s'allient heureusement à un vert doux pour un intérieur de style provençal. Cette combinaison à la fois chaude et reposante est idéale pour rendre l'essence du style rustique français. Le bleu, le vert et le jaune se retrouvent également dans de nombreux motifs de tissus et de porcelaine rustique de style provençal.

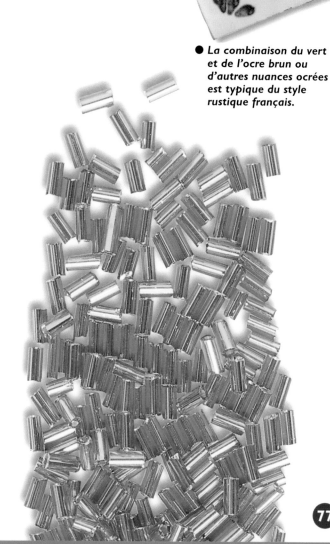

● *La combinaison du vert et de l'ocre brun ou d'autres nuances ocrées est typique du style rustique français.*

L'association du vert et de l'orange, dont l'ocre brun est dérivé, est aussi très réussie. On y trouve un contraste intéressant entre la nature équilibrée du vert et le caractère sociable et stimulant de l'orange.

● *Le vert et l'ocre brun font bon ménage.*

Ces dernières années, la palette neutre du style contemporain s'est vue enrichie de verts doux. L'ajout de vert à une gamme à dominante crème ou blanche donne une nouvelle dimension à cet agencement à la fois simple et élégant.

Les intérieurs de style rustique traditionnel utilisent avec bonheur de nombreux tons, teintes et nuances de vert. Le vert reflète la campagne environnante, qui a inspiré tant de motifs propres à ce style de décoration. C'est pourquoi les motifs de tissus et de revêtements muraux incorporent divers tons et nuances de vert abondent, combinés avec le d'autres couleurs présentes dans la nature.

Pour obtenir un style méditerranéen, utilisez des nuances de vert telles que le vert olive et le vert jaune. Lorsque vous tentez de recréer

le look d'une région particulière, inspirez-vous des plantes et des fruits qui y poussent naturellement. Ou encore, référez-vous à l'architecture et à la décoration propres à cette région. Par exemple, l'aigue-marine est utilisé dans des agencements de couleurs éclatants dans les intérieurs de style marocain et turc. On recourt à une palette de coloris chatoyants qui s'inspire souvent des couleurs utilisées dans l'art islamique.

● *Le style rétro utilise souvent l'aigue-marine ainsi que des couleurs plus vives.*

L'aigue-marine

L'aigue-marine est une couleur intermédiaire ou tertiaire issue de la rencontre du bleu et du vert. Elle a gagné en popularité ces dernières années et est très présente dans les intérieurs de style moderne. Son utilisation ne date cependant pas d'hier; on la retrouvait dans l'art islamique ancien et la décoration d'intérieur de la période géorgienne, de même que dans les maisons de style régional. De nos jours, le gris bleu tirant légèrement sur le vert est couramment utilisé.

Le style rétro des années 1950 accorde aussi une place de choix à l'aigue-marine dans sa palette de couleurs. Un ton plus prononcé de cette couleur était couramment utilisé pour les meubles de cuisine de l'époque. Elle était aussi associée avec bonheur au vert cendré et au vert acidulé dans de nombreux motifs de tissus et d'imprimés.

Aigue-marine et pêche, crème pâle et vert menthe, jaune citron et vert jaune, vert cendré et ocre brun… dans l'univers de la décoration et du design en général, les combinaisons où apparaissent divers tons de vert sont illimitées. Le vert est une couleur très souple; il est idéal si vous souhaitez transformer une pièce apte à une infinité de possibilités dans le choix des couleurs complémentaires.

L'orange

L'orange est un mélange de rouge et de jaune réputé pour allier passion et flair. Il évoque l'assimilation, le test, le jugement, l'acceptation ou le rejet. On recourt à l'orange pour exprimer les sentiments tendres, un cœur chaleureux et l'amitié. On lui accorde aussi le pouvoir d'accepter les barrières, de supprimer les obstacles et d'aider à dissiper des sentiments tumultueux. Sa composante jaune garantit que ce processus s'effectue de manière rationnelle en atténuant le caractère impétueux du rouge.

La couleur orange élargit les horizons. Elle donne le courage d'effectuer les changements nécessaires et d'accepter les conséquences de ses actions. Les personnes très influencées par sa vibration ont toujours à cœur de résoudre une situation insatisfaisante. Dans ce sens, l'orange est une couleur révolutionnaire et les individus qu'elle influence sont prêts à remuer ciel et terre pour apporter des améliorations parfois radicales. Ils ont, en outre, toute la persévérance dont ils pourraient avoir besoin pour mener à bien un projet entrepris.

● *La couleur orange évoque la splendeur des traditions de l'Égypte ancienne.*

Le symbolisme

L'orange représente la couleur du soleil couchant (alors que le rose symbolise l'aube). Il est aussi associé à la splendeur et aux paysages fauves du désert. Pour vous faire une idée de la magnificence symbolisée par cette couleur, imaginez les pyramides d'Égypte au crépuscule, baignant dans la chaude lumière orangée du soleil couchant.

● *L'orange est associé au désert.*

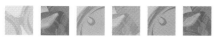

● **L'orange peut représenter le luxe.**

Dans la tradition de l'Égypte ancienne tout comme dans le mysticisme juif, l'orange représente la splendeur. Il symbolise également le feu et la déesse égyptienne à tête de lionne Sekhmet, fille courageuse du dieu du soleil Râ. L'orange peut aussi évoquer le luxe, une vie pleinement vécue dans un cadre confortable. Dans les traditions chinoise et japonaise, l'orange est l'un des principaux symboles de l'amour et du bonheur.

anciens qu'il représente le fruit de l'arbre de la science du bien et du mal, avec lequel Ève tenta Adam dans le jardin d'Éden. (On présume généralement que ce fruit était la pomme.)

● **La pêche symbolise l'immortalité.**

Les fruits de couleur orange ont chacun leur signification. La pêche symbolise l'immortalité ou du moins la longévité; l'orange représente à la fois l'appétit de vivre et la puissance du soleil. L'abricot (bien que certains disent qu'il s'agit plutôt de l'humble figue séchée) a lui aussi plusieurs connotations, allant de l'emblème des reines d'Égypte à la croyance partagée par de nombreux érudits

● **Les oranges représentent l'appétit de vivre et la puissance du soleil.**

Mots clés associés à l'orange

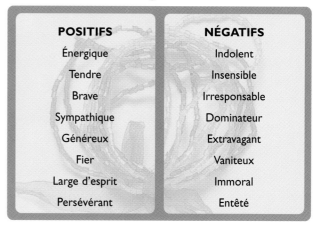

POSITIFS	NÉGATIFS
Énergique	Indolent
Tendre	Insensible
Brave	Irresponsable
Sympathique	Dominateur
Généreux	Extravagant
Fier	Vaniteux
Large d'esprit	Immoral
Persévérant	Entêté

Dans le cadre de relations adultes, la synergie Lion-orange est fortement associée au badinage amoureux et les individus influencés par ce signe ou cette couleur sont souvent portés sur le flirt. Tout besoin de compétition sera canalisé dans les activités sportives, notamment la natation, où ils excellent. Ils sont aussi souvent de véritables cordons-bleus.

Le feng shui

Tout comme le symbolisme occidental, le feng shui fait un lien entre l'orange et le lion royal. La tradition orientale étend toutefois cette symbolique au tigre et au cheval. Ces animaux sont réputés porter chance aux individus qui ont une affinité avec l'orange. La direction associée à l'orange est celle du Nord-ouest, qui est régie par l'élément métal. Cette zone est connue sous le nom de « Chien », le créatif, et est particulièrement propice aux avocats, directeurs, bijoutiers, représentants de commerce, enseignants, prêtres, psychanalystes, conseillers et à tous les individus qui occupent un poste à responsabilité et de direction.

● *Les individus associés au signe du Lion et à l'orange ont généralement un bon contact avec les enfants.*

L'astrologie

En astrologie, l'orange a beaucoup d'affinités avec l'or métallique, couleur solaire, ainsi qu'avec le signe du Lion. Comme ce signe zodiacal, l'orange a la réputation de favoriser les idéaux extravertis, la créativité et la promotion de soi. On ne saurait trop insister sur la nature bienveillante du Lion et de l'orange car les motivations des personnes influencées par ces deux énergies sont généralement très élevées. Elles sont très compatissantes mais peuvent aussi se montrer insensibles, préférant souvent agir pour les autres sans tenir compte de leur opinion. Elles ont un côté « parental » très prononcé et s'entendent généralement très bien avec les enfants.

● *Couleur noble, l'orange est notamment propice aux bijoutiers.*

La psychologie de l'orange

En chromothérapie, l'orange aide à dissiper les blocages psychologiques. Cette couleur chaude et réconfortante peut soulager un chagrin intense consécutif à un deuil, ainsi que le sentiment de perte. L'orange confère une force émotionnelle qui aide à surmonter ces épreuves. À la suite d'une perte soudaine ou d'un autre événement traumatisant, on risque d'éprouver une sorte de paralysie psychologique et de regarder le monde avec appréhension : la lumière du soleil et cette couleur splendide aideront à surmonter ses difficultés et à poursuivre sa route.

L'orange contribue aussi à soulager les phobies ou les crises d'angoisse irrationnelles. On dit également qu'un environnement orange peut soulager d'autres troubles mentaux.

L'orange et le corps

L'orange est lié aux intestins et, par extension, à l'instinct vital. La lumière orange soulagera les crampes et troubles intestinaux en facilitant l'assimilation des substances nutritives. L'orange aide les choses à couler naturellement, à éliminer les obstacles et à faire les changements nécessaires. S'entourer d'orange favorise donc le fonctionnement du système digestif. En outre, la lumière orange aide à soulager les douleurs musculaires, et à guérir les déchirures de ligaments ainsi que les fractures. Elle est également bénéfique dans les cas de problèmes respiratoires tels que l'asthme et la bronchite.

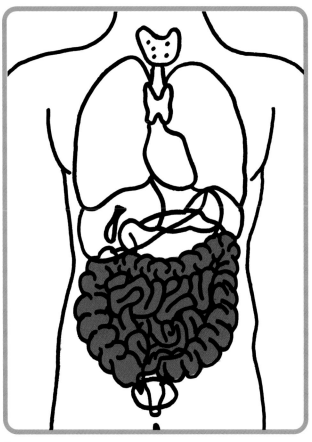

● *Les intestins*

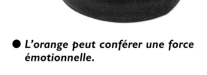

● *L'orange peut conférer une force émotionnelle.*

Nuances et tons d'orange

Le pêche

Les adeptes de la couleur pêche ont souvent des manières impeccables, se sentent à l'aise dans n'importe quelle situation et sont d'excellents communicateurs. Ils ont un charme et une grâce naturels et font de leur mieux pour mettre les autres à l'aise. Cependant, ils sont souvent trop empressés à faire plaisir et à accorder plus d'importance aux désirs d'autrui qu'aux leurs, même lorsque la situation demande qu'ils s'affirment davantage.

L'ambre

Le port de l'ambre est recommandé aux personnes qui n'ont pas suffisamment confiance en elles. Cette couleur s'avère également bénéfique dans les cas d'anxiété ou d'appréhension face à un événement prochain. L'ambre peut indiquer un besoin de se calmer afin de donner une impression d'assurance et de maîtrise de soi. Cette couleur évoque également une certaine anticipation.

La présence de l'ambre dans l'aura peut signaler une certaine arrogance. Il s'agit toutefois également d'un individu en quête active d'améliorations dans sa vie. Une personne présentant une aura ambre prononcé a le courage de ses convictions et n'a pas peur des conflits. On retrouve aussi cette couleur dans l'aura de personnes convaincues qu'il n'y a qu'une seule manière de faire les choses, à savoir la leur.

L'ocre brun

Bien qu'il s'agisse de couleurs très populaires en décoration d'intérieur, l'ocre brun et l'orange foncé n'ont généralement pas de connotation très positive. Ils peuvent soit signaler une confiance en soi exagérée ou une estime de soi ébranlée. L'une et l'autre aboutissent au même résultat, à savoir l'échec et, en fin de compte, au sentiment d'être un perdant. L'orange foncé est par ailleurs associé aux jeux d'argent.

L'orange dans l'aura

Une aura orange est associée à l'originalité, à la créativité et à la motivation personnelle. Un halo orange autour d'une personne signale une personnalité aimable et extravertie, dotée d'une grande volonté, du don de tirer le meilleur parti de toute occasion et, dans bien des cas, d'une aptitude à être en vedette. Cette dernière caractéristique est particulièrement vraie lorsque l'orange est la couleur dominante de l'aura. Lorsqu'il se trouve çà et là dans l'aura, cela indique esprit et vivacité, un individu qui est un communicateur né et s'intéresse sincèrement à ce que les autres ont à dire.

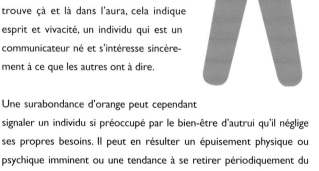

Une surabondance d'orange peut cependant signaler un individu si préoccupé par le bien-être d'autrui qu'il néglige ses propres besoins. Il peut en résulter un épuisement physique ou psychique imminent ou une tendance à se retirer périodiquement du monde en raison d'une « surcharge » émotionnelle.

Les combinaisons de couleurs

Dominante orange et rouge, bordeaux ou écarlate

Cette combinaison indique un individu qui a tout ce qu'il faut pour connaître un grand succès mais n'a pas encore atteint les sommets qu'il sait instinctivement à sa portée. Lorsque cette combinaison est présente dans l'aura pendant une longue période, cela peut signaler que la destinée de la personne a été entravée. D'autre part, une frustration passagère, telle que celle suscitée par le fait de manquer un train ou de choisir le mauvais billet de loterie, peut faire apparaître cette combinaison de couleurs.

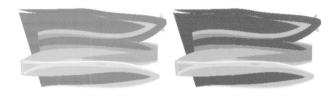

Dominante orange et lavande, mauve ou lilas

Cette association de couleurs situées à l'opposé l'une de l'autre sur la roue chromatique indique souvent un épuisement chez la personnalité orange habituellement exubérante. Elle signale un besoin désespéré de ralentir le pas et de recharger ses batteries. On la retrouve souvent chez l'individu qui a le sentiment d'être irremplaçable. Toutefois, nul n'est vraiment irremplaçable, qu'il s'agisse de travail, d'obligations ou de responsabilités générales. Cette personne gagnerait à prendre du recul pendant quelque temps et à laisser à d'autres le soin d'assumer les responsabilités qui sont devenues un fardeau pour elle.

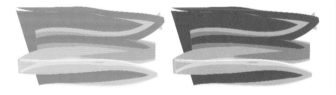

Expressions

L'orange est peu utilisé dans les figures de rhétorique mais cette couleur se retrouve tout de même dans certaines expressions. La plus célèbre a trait à l'histoire britannique et irlandaise, notamment au roi Guillaume III, prince d'Orange. L'Ordre d'Orange fut fondé en Ulster en 1795 pour commémorer la victoire de ce roi lors de la bataille de la Boyne, en 1690.

Utilisation de l'orange en décoration

L'orange est une couleur vivante et puissante. On la retrouve dans la nature non seulement sous la forme du soleil couchant et de la lueur des flammes mais aussi chez l'agrume savoureux mûri au soleil, qui lui a donné son nom. Couleur secondaire, l'orange possède plusieurs attributs de ses couleurs parentes, dont la gaieté du jaune combinée avec la chaleur et à l'attrait du rouge. Il n'est donc pas surprenant que cette couleur chaude soit idéale pour conférer à une pièce une atmosphère accueillante.

Comme le jaune, l'orange est une couleur très puissante qui peut vous remonter le moral. Elle a également hérité d'une partie de la force associée au rouge, ce qui donne une couleur que plusieurs considèrent comme un stimulant du système immunitaire, ainsi qu'une couleur guérisseuse en général.

Il est toutefois recommandé d'utiliser la couleur orange avec modération, car elle peut rendre une pièce trop intense et stimulante. Si vous optez pour l'orange sur les murs, choisissez une couleur délavée. Cette solution permet d'obtenir un orange plus doux qui conserve tout de même sa chaleur. Vous pouvez également utiliser des nuances dérivées de l'orange, telles que l'ocre brun ou l'abricot, ou encore des blocs orange qui égaieront l'ensemble.

● *L'ocre brun convient généralement à un décor de style rustique ou campagnard.*

Tous les tons, nuances et teintes d'orange se marient agréablement avec de nombreuses couleurs de la roue chromatique. La combinaison de verts doux avec l'ocre brun crée une atmosphère très naturelle et accueillante. L'orange vif, quant à lui, s'alliera avec bonheur aux bleus, au vert jaune ou au violet vifs dans un décor contemporain. Joyeux et réconfortant, ce type d'agencement de couleurs est idéal pour les pièces où vous aimez bavarder ou passer du temps avec vos enfants. Cette couleur n'invite ni à la détente ni à la tranquillité.

Les nuances rustiques d'orange, notamment l'ocre brun, sont particulièrement recommandées pour un intérieur traditionnel. L'orange étant une couleur saillante, vous pouvez l'utiliser pour rendre une grande pièce austère plus chaleureuse et accueillante. Les divers tons d'orange conviennent particulièrement à une salle à manger traditionnelle et à une cuisine de style rustique. La pièce semblera non seulement plus douillette mais la nature conviviale de l'orange fera aussi en sorte que les occupants s'y sentiront à l'aise et en confiance.

Très stimulant, l'orange est particulièrement approprié pour la décoration d'une salle de jeux pour enfants : il est vivant et revigorant tout en étant chaleureux et réconfortant. Bien que l'orange ne soit pas la couleur la plus relaxante de la roue chromatique, elle est tout de même souvent utilisée dans la décoration des chambres d'enfants. Elle n'invitera peut-être pas l'enfant au sommeil mais cette merveilleuse couleur devrait faire en sorte qu'il se réveille le matin inspiré et débordant d'enthousiasme devant la journée qui s'annonce.

● *Diverses nuances d'orange s'allient avec bonheur à de nombreuses couleurs.*

L'orange et le violet forment une combinaison moderne très puissante qui est tout particulièrement frappante lorsque le contraste tonal est grand. L'ajout de blanc et de noir à cet agencement de couleurs est également du plus bel effet.

Divers tons d'orange ont été utilisés depuis l'aube des temps. Les premières couleurs étaient dérivées de pigments naturels, d'où les tons de terre ocre brun. Grâce aux progrès dans les processus de fabrication, de « nouvelles » couleurs se sont ajoutées aux tons pâles d'abricot et de pêche. Le décorateur d'intérieurs du XXIe siècle dispose désormais d'une palette de couleurs particulièrement riche.

● *L'ocre brun est dérivé d'un pigment naturel.*

Le brun n'est pas, techniquement parlant, une couleur secondaire mais une couleur « tertiaire » : il est issu de la combinaison de trois couleurs primaires au lieu de deux. Sur le plan du symbolisme, toutefois, il est considéré comme un pigment orange foncé et est interprété de manière similaire, quoique sous un aspect plus sobre et plus responsable. Comme sa couleur parente, le brun dénote les sentiments chaleureux et l'amitié. Cependant, sa nuance plus foncée évoque également la permanence et les valeurs solides qui résistent au passage du temps.

Le symbolisme

Le caractère pratique est l'une des principales qualités attribuées au brun. Il s'agit d'une couleur sans façons ni fantaisie. Les individus attirés par le brun ont souvent la réputation de manquer d'imagination, d'être ternes et collet monté. On peut cependant toujours compter sur eux pour effectuer une tâche qui requiert soin et attention; de plus, ils se concentrent sur le travail en question jusqu'à ce qu'il soit achevé. De tels efforts soutenus ont bien entendu un prix même si les tâches associées au brun sont généralement réussies. La mélancolie et un sentiment de malaise et de persécution sont souvent le tribut à payer pour un effort prolongé. En français, le terme « brun »

suggère la morosité tandis que l'expression anglaise « browned off » signifie en avoir marre.

Sur une note plus positive, le brun peut inspirer un sentiment de confort et de luxe. Il est souvent associé à la richesse. N'est-il pas la couleur du chocolat, du café et du thé, antidotes bienvenus des journées difficiles ? De même, le sentiment de sécurité que procure le brun ne doit pas être sous-estimé. Les matériaux de construction de cette couleur tels que les briques et le bois naturel évoquent un sentiment de permanence et de sécurité. Sur le plan physique, en dépit des nombreux avertissements médicaux, la plupart des gens préfèrent le hâle que confère le soleil au teint pâle.

Mots clés associés au brun

POSITIFS	NÉGATIFS
Studieux	Tatillon
Dévoué	Entêté
Réconfortant	Déprimé
Pratique	Persécuté
Consciencieux	Souffre-douleur

L'astrologie

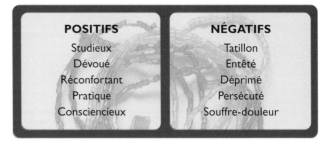

Le brun est associé à l'automne. La richesse de ses tons symbolise une période où la terre se prépare au repos hivernal après avoir prodigué ses fruits lors des récoltes. Ce lien avec la récolte évoque le signe astrologique de la Vierge, associé au devoir et au dur labeur. De même, la capacité des adeptes du brun à accomplir de grandes choses rappelle un autre signe de terre, celui du Capricorne (ou Chèvre).

Le feng shui

En feng shui, le brun est associé au Sud-ouest ainsi qu'au trigramme Kun. Cette couleur représente la terre féconde et les racines qui fraient leur chemin dans ses riches ténèbres. Le brun est bénéfique aux personnes qui remplissent un rôle maternel ou prodiguent des soins, aux professionnels de la santé, aux jardiniers, aux épiciers, aux agriculteurs et aux ingénieurs civils.

La psychologie du brun

De manière générale, le port du brun est considéré comme particulièrement salutaire aux étudiants car il favorise la concentration et l'application à la tâche en cours.

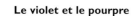

Le violet et le pourpre

Combinaison du rouge et du bleu, le violet est considéré comme l'une des couleurs les plus spirituelles qui soient. Il symbolise l'harmonie entre l'esprit et les émotions, entre le divin et le physique. Comme le symbolisme du violet et du pourpre est très rapproché, nous avons rassemblé ces deux couleurs dans une même section.

Le symbolisme

Le pourpre est principalement associé à la royauté et plus particulièrement aux empereurs. Cette couleur est depuis des millénaires emblématique du pouvoir et est considérée comme un privilège réservé à l'autorité suprême, telle celle des empereurs de la Rome antique. Porter du pourpre

était considéré comme une si grande insulte à l'empereur que cette audace était souvent punie par la mort.

Le pourpre et son cousin le violet symbolisent non seulement l'aristocratie mondaine mais la noblesse de l'âme. Ces deux couleurs sont associées à la vision, à l'illumination spirituelle et aux dons de voyance.

Mots clés associés au violet et au pourpre

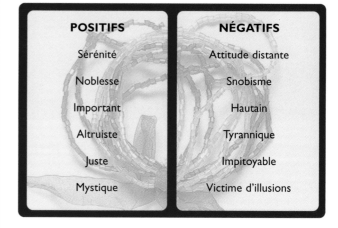

POSITIFS	NÉGATIFS
Sérénité	Attitude distante
Noblesse	Snobisme
Important	Hautain
Altruiste	Tyrannique
Juste	Impitoyable
Mystique	Victime d'illusions

L'astrologie

Le pourpre est étroitement lié au signe visionnaire qu'est le Sagittaire, ou Archer, tandis que le violet est plus communément associé au signe des Poissons. Ces deux signes du zodiaque sont influencés par la planète Jupiter, qui porte le nom du roi des dieux romains, archétype du souverain.

● *Le pourpre symbolise le divin.*

POURPRE
VIOLET

Le feng shui

Le pourpre ou le violet sont quasiment absents du symbolisme oriental; cela peut s'expliquer par le fait que le feng shui est l'art de vivre en harmonie avec la nature. Or, le symbolisme du pourpre et du violet est essentiellement de nature divine et touche des sphères d'existence plus subtiles que le plan terrestre.

La psychologie du violet et du pourpre

Les éléments constitutifs du violet et du pourpre sont le rouge et le bleu. Ces deux couleurs sont très éloignées l'une de l'autre dans le spectre des couleurs, exprimant ainsi des traits très différents tant sur le plan psychologique qu'émotionnel. C'est cette différence même qui élève le violet et le pourpre au-delà de la sphère physique, vers des réalités plus spirituelles.

● *Le pourpre et le violet peuvent favoriser la quiétude et la paix.*

La présence du violet ou du pourpre favorise un état calme et paisible propice à la réflexion. Les adeptes de ces couleurs ont tendance à être réfléchis et plutôt introvertis. Ils sont profonds, non seulement sur un plan personnel mais aussi dans un sens plus universel, éprouvant un grand amour pour l'humanité en général ainsi qu'un souci de l'environnement et de l'état de la planète. Le port du violet ou du pourpre peut servir de mécanisme de défense contre les individus insensibles ou trop exigeants.

Sur une note plus négative, la présence constante du violet ou du pourpre autour de soi peut avoir un effet déprimant, l'esprit ayant du mal à gérer cette surcharge d'énergies puissantes. L'exposition aux couleurs orange et or permet de contrebalancer l'influence déprimante d'une surexposition au pourpre.

Le violet et le corps

Le violet et le pourpre sont étroitement liés au fonctionnement du cerveau. Ces couleurs sont également associées au crâne, et plus particulièrement à la partie supérieure du crâne et au cuir chevelu. L'association relativement récente du violet au chakra coronal relie cette couleur à l'épiphyse, ou « troisième œil », glande qui régule notre système hormonal.

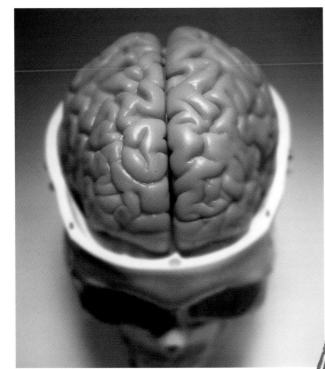

● *Le violet et le pourpre sont associés aux fonctions cérébrales.*

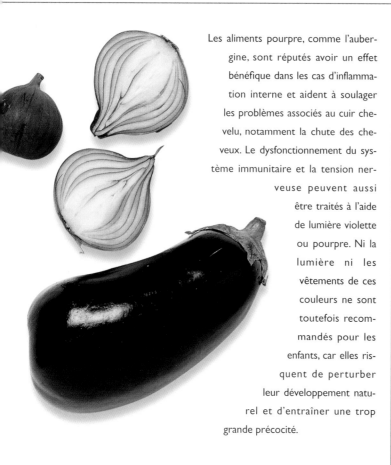

Les aliments pourpre, comme l'aubergine, sont réputés avoir un effet bénéfique dans les cas d'inflammation interne et aident à soulager les problèmes associés au cuir chevelu, notamment la chute des cheveux. Le dysfonctionnement du système immunitaire et la tension nerveuse peuvent aussi être traités à l'aide de lumière violette ou pourpre. Ni la lumière ni les vêtements de ces couleurs ne sont toutefois recommandés pour les enfants, car elles risquent de perturber leur développement naturel et d'entraîner une trop grande précocité.

● **Les aliments pourpre sont réputés avoir des effets thérapeutiques.**

Nuances et tons de violet et de pourpre

L'indigo

Une prédilection pour l'indigo signale un état d'anticipation, une attente qui s'avère souvent vaine. L'indigo peut exprimer la croyance qu'il fait toujours davantage nuit avant l'aurore, cette dernière ne semblant jamais venir.

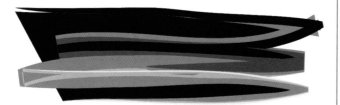

Le pourpre profond

C'est la couleur des empereurs, de la puissance et du pouvoir. Comme on peut s'y attendre, cette couleur peut dénoter une certaine arrogance et supériorité ainsi qu'une attitude impitoyable.

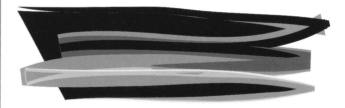

L'améthyste

Ce ton favorise l'idéalisme, l'humanisme et le mysticisme. Les personnes attirées par cette couleur sont intuitives et sont souvent animées par un sens du destin.

Le mauve

Le mauve aide à faire les meilleurs choix, pour les meilleures raisons. Cette couleur peut évoquer une influence paternelle qui peut s'exprimer sous forme de traditions destinées à perpétuer une dynastie ou un système de croyances profondément ancré.

Le prune

Les tons de prune indiquent une manière d'agir dépassée, un individu encroûté dans une attitude prude et des idées surannées. Sur une note plus positive, le prune signale un bon sens de l'humour.

Le lavande

Une certaine fragilité se dégage des personnes attirées par le lavande. Cette couleur signale une perception claire mais aussi une vulnérabilité. Elle renforce les goûts personnels, et à la faveur des personnes qui ont un sens esthétique poussé.

Le lilas

Le lilas plaît aux personnes qui aiment séduire. Elles ont une personnalité joviale et extravertie, sont plutôt vaniteuses et attachent une très grande importance à la mode. Romantiques et flirteurs de nature, les adeptes du lilas ne perdent jamais leur air de jeunesse.

Le violet dans l'aura

Lorsqu'ils apparaissent dans l'aura, le violet et le pourpre expriment une dimension éthérée et magique. Une aura à dominante violet indique une personne pour laquelle la vie a un sens spirituel profond. Elle peut aussi révéler une humilité et une acceptation dévote des difficultés de la vie. Ces couleurs représentent également une imagination très puissante, une personnalité spontanée et une vision excentrique du monde. Le violet est souvent présent dans l'aura de personnes dotées de dons de clairvoyance ou médiumniques.

Combiné avec une autre couleur dans l'aura, le violet indique une dimension spirituelle qui transcende le profane.

● *L'expression anglaise « purple prose » (prose pourpre) désigne un style très chargé.*

Expressions

Le violet n'est pas vraiment associé à des figures de rhétorique. La fleur à laquelle il a donné son nom est toutefois devenue l'emblème de l'humilité, en dépit de ses origines mythiques. Une légende veut en effet qu'elle ait surgi du sang d'Ajax, héros vantard de la Guerre de Troie. Le pourpre, quant à lui, se retrouve dans de nombreuses expressions couramment utilisées. « Revêtir la pourpre » signifie hériter du trône et « accéder à la pourpre » (cardinalice) veut dire accéder à la dignité de cardinal dans l'Église catholique romaine. De même, « être né dans la pourpre » signifie être issu d'une famille prestigieuse, voire royale. Dans un contexte littéraire, l'expression anglaise « purple prose » (prose pourpre) désigne un style plein de fioritures, qui peut évoquer chez les critiques une « passion pourpre ».

Utilisation du violet en décoration

Le violet se situe à la jonction des couleurs froides et des couleurs chaudes sur la roue chromatique. Ses couleurs parentes, le bleu et le rouge, ayant une valeur tonale presque égale, le violet peut être à la fois chaud et froid. Lorsque la nuance utilisée a une dominante bleue, elle semble froide tandis qu'une nuance où le rouge prédomine apparaît chaude. Le vert occupe une place similaire sur la roue chromatique sauf que la proportion de bleu est supérieure à celle du jaune dans la composition de cette couleur. Le vert est donc une couleur froide.

La chaleur qui se dégage d'une nuance de violet dépend des couleurs avec lesquelles elle est combinée. Si vous alliez un bleu lavande avec du rose, par exemple, le lavande apparaîtra froid. Par contre, si vous le combinez avec du bleu, il semblera alors beaucoup plus chaud, car le rouge contenu dans la couleur lavande ressortira.

Certains tons et nuances plus foncés de violet peuvent être très intenses et doivent, de ce fait, être utilisés avec soin et traités avec circonspection. La réussite d'une pièce entièrement peinte de cette couleur nécessite un relief adéquat. Il est souvent préférable d'atténuer cette couleur, d'utiliser une nuance pastel, comme le lavande, ou encore de l'utiliser çà et là dans une pièce.

Les teintes de pourpre, c'est-à-dire du pourpre auquel on a ajouté du blanc, se marient bien avec diverses nuances de rose. Le rose dérive du rouge auquel on a ajouté du blanc. Il se trouve donc à côté du violet

sur la roue chromatique et forme avec cette couleur un heureux mariage. Le bleu et le violet forment une association tout aussi harmonieuse : un bleu pâle et un lavande doux créent une atmosphère très calme et relaxante.

L'association de l'aigue-marine et du pourpre est populaire de nos jours. Ces couleurs se marient avec bonheur, les nuances plus claires conférant une atmosphère très relaxante et paisible. Cette combinaison est réussie car les différentes nuances et teintes de bleu s'allient tout naturellement au violet et au pourpre. Comme c'est le cas pour de nombreuses gammes bicolores, l'une des deux couleurs doit dominer, ou un accent est nécessaire. Dans un décor contemporain, l'introduction d'un accent métallique – sous forme d'accessoires argentés, par exemple – est du plus bel effet.

● *Le pourpre se marie très bien au blanc.*

Les nuances pâles telles que le lavande sont fraîches, calmantes et réconfortantes; ce dernier est idéal pour donner une certaine vitalité campagnarde à un décor. Le lavande se marie merveilleusement bien au blanc, conférant une fraîcheur vivifiante à une pièce. Il peut aussi donner une touche très contemporaine à une pièce, combiné avec du jaune, du vert ou un vert jaune prononcé. Il existe de nombreux tissus anciens de couleur pourpre ou lavande. Bon nombre d'entre eux présentent une couleur unique sur fond crème ou blanc cassé. Les motifs

traditionnels toile de Jouy en sont un bon exemple. Un décorateur astucieux pourrait combiner un tel tissu avec une couleur accent contemporaine, notamment le vert jaune, et créer ainsi un agencement de couleurs traditionnel avec une superbe touche contemporaine.

Le pourpre revient à la mode en décoration d'intérieur. J'en ai moi-même fait l'expérience dans le cadre de trois cycles décoratifs. Le « flower power » des années 1960 vit l'introduction, dans les intérieurs, d'un mélange de motifs floraux et psychédéliques, où apparaissaient souvent des nuances de pourpre et de rose.

● *Le pourpre est un ingrédient populaire des motifs psychédéliques.*

Au milieu des années 1970, on vit apparaître une nuance de pourpre plus foncée utilisée en blocs sur quelques murs, souvent de matériau artex et généralement entourés de blanc. Dans les tissus, le pourpre se retrouvait souvent dans de grands motifs répétés ou seul dans des étoffes texturées. Cette couleur réapparut dans les années 1990 dans les tissus d'ameublement et les tentures murales. Les combinaisons alors utilisées étaient plus douces et harmonieuses, mariant l'aigue-marine au pourpre et le vert pâle à la couleur lavande.

Il y a un rapport très étroit entre la mode et les tendances en matière de décoration d'intérieur. Si nous pensons aux 30 dernières années, par exemple, nous constatons que les couleurs populaires dans les présentations de collections se retrouvent également dans nos maisons. Cela a toujours été le cas : les créateurs s'inspirent naturellement des découvertes et événements majeurs de leur époque.

Le violet profond était couramment utilisé jusqu'au début du XIXe siècle, où il fit place aux couleurs plus pâles telles que le bleu lavande. L'invention des colorants à base d'aniline dans les années 1840 élargit la palette des décorateurs, et les couleurs plus profondes revinrent à la mode. C'est ainsi que le pourpre réapparut, de même que le bleu nuit, le vert acidulé et le jaune moutarde.

Grâce aux processus de fabrication modernes, les décorateurs ont accès à une gamme de couleurs plus riche que jamais auparavant. C'est pourquoi de nombreuses tendances peuvent coexister, le décorateur d'intérieurs étant à même de reproduire une grande variété de styles régionaux et traditionnels.

chapitre 5 **Les couleurs qui n'en sont pas**

En nous éloignant des couleurs vives de la roue chromatique, nous entrons dans l'étrange domaine de la non-couleur. Nous y retrouvons le contraste absolu du noir et du blanc ainsi que le flou énigmatique du gris. Bien que le blanc soit techniquement parlant un amalgame de l'ensemble des couleurs, et le noir l'absence totale de couleur, nous avons tendance à les opposer et à considérer qu'ils n'ont de sens que l'un par rapport à l'autre. Le gris, quant à lui, résulte de la combinaison de ces deux extrêmes, et notre attitude à l'égard de cette « couleur fantôme » est des plus révélatrices.

Le gris

Le gris se trouve à mi-chemin entre le blanc et le noir, entre le yang et le yin. On peut le définir comme une « couleur fantôme » car, tout comme les couleurs absolues dont il est composé, le gris ne figure pas sur la roue chromatique. Dérivé du mélange de blanc et de noir, le gris est une couleur ambivalente. Lorsqu'il qualifie une humeur ou une atmosphère, celle-ci est souvent lugubre et sinistre. Il peut toutefois avoir une connotation plus optimiste : la neutralité. Le gris est ouvert aux nouvelles influences et jette un pont entre le conscient et l'inconscient, lequel peut avoir des connotations positives ou négatives. Le gris peut, d'une part, représenter un accès aux niveaux métapsychiques de l'esprit mais peut, d'autre part, indiquer le désespoir.

● *Le gris peut être associé à la froideur et à l'âpreté de la mer du Nord.*

● *Le gris est associé au brouillard et à la brume.*

Le symbolisme

La couleur (ou non-couleur) grise peut être considérée comme un messager; on l'utilise souvent pour représenter les aspects les plus mystérieux ou mystiques de l'existence. Le gris est associé aux fantômes et aux visites astrales; il est la couleur du mystère et évoque la

brume et le brouillard qui révèlent parfois ce qui nous attend mais, le plus souvent, cachent la vérité.

Paradoxalement, on associe parfois le gris, qui est la couleur du messager, au silence, voire au chagrin. Les peuples nordiques de Scandinavie appelaient parfois la dangereuse et sauvage mer du Nord « la froide et grise faiseuse de veuves ». Une vie qualifiée de grise se caractérise par une certaine austérité, l'âpreté et l'insatisfaction. La neutralité de cette couleur laisse toutefois place à l'espoir : après tout, le gris peut tout aussi facilement basculer dans le blanc que dans le noir. Dans la tradition mystique juive, le gris symbolisait la sagesse imperturbable tandis que, pour l'Église médiévale, il représentait l'humilité et la pénitence et était donc la couleur la plus couramment utilisée pour les habits de moines.

Mots clés associés au gris

POSITIFS	NÉGATIFS
Spartiate	Austère
Respectable	Ennuyeux
Réaliste	Déprimé
Calme	Découragé
Mystérieux	Menaçant
Réceptif	Accablé
Conventionnel	Étroit d'esprit
Voyant	Victime d'illusions
Maître de soi	Bureaucrate

L'astrologie

Étant la couleur intermédiaire, le gris est associé à Mercure, la plus ambiguë des planètes. Dans la mythologie romaine, Mercure était plus que le messager des dieux chargé de transmettre de l'information des cieux à la terre et inversement. Il avait également pour rôle de guider les morts aux enfers. Son nom devint synonyme de duperie, d'ambivalence (d'où son association avec le gris). Les signes du zodiaque gouvernés par Mercure sont ceux des Gémeaux et de la Vierge, bien que nous ayons tous en nous un élément de versatilité. Mercure est également la planète de l'esprit.

Le feng shui

Le gris n'est associé à aucune direction ni à aucun animal dans le système du feng shui, mais joue un rôle dans le cycle de création des éléments. Selon cette vision du monde, le Feu crée la Terre sous forme de cendres. Cela signifie que le pouvoir transformateur du feu consume son combustible pour engendrer une substance réceptive à la création d'une vie nouvelle. En d'autres termes, le gris représente la force qui détruit l'ancien pour faire place au nouveau. La théorie des couleurs du feng shui fait ressortir un élément moins positif du gris : la croyance veut en effet que, si une personne s'entoure en permanence de gris, pauvreté et souffrance s'ensuivront.

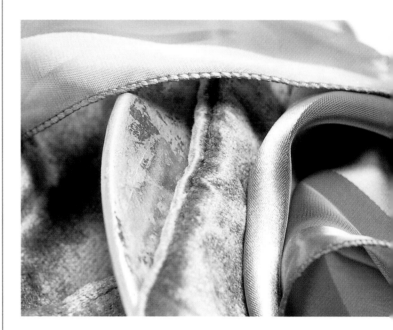

● *Le gris est souvent considéré comme une couleur neutre mais différentes textures peuvent lui donner de l'éclat.*

La psychologie du gris

Le port habituel du gris ou le fait de s'en entourer continuellement indique souvent des temps difficiles. Il se peut que l'individu en question soit accablé par les demandes du monde extérieur et ait un besoin désespéré de calme pour s'en remettre. Cette situation peut atteindre des proportions extrêmes et une utilisation excessive du gris peut indiquer la déprime, voire une dépression nerveuse. Bien que cette couleur ne soit généralement pas utilisée en chromothérapie, le gris pâle est reconnu pour stabiliser la personnalité et aider à retrouver une attitude saine. Le gris ardoise symbolise tout particulièrement la pauvreté et l'austérité, tandis que les gris moyens représentent l'humilité et peuvent, dans certains cas, indiquer un manque d'estime de soi et une incapacité à se pardonner ses erreurs passées. Une autre interprétation de cette couleur, plus positive, est qu'elle offre une dernière chance de rectifier une mauvaise décision.

● *Le feu crée la terre, et la consume. Le gris peut représenter les cendres et la fumée.*

● *Une chevelure grise symbolise la sagesse.*

Le gris et le corps

Le gris n'est lié à aucune partie du corps en particulier. Cependant, une coloration grise de la peau ou des ongles indiquerait une congestion quelconque dans l'organisme. On dit des individus aux yeux gris qu'ils sont remarquablement calmes et perceptifs. Une chevelure grise est un symbole réconfortant de sagesse et de maturité.

Le gris dans l'aura

La présence de gris dans l'aura n'indique pas un trait de caractère spécifique. Cependant, une légère teinte grisâtre dans une partie de l'aura peut signaler une certaine lassitude du monde ou l'épuisement.

Expressions

Le gris apparaît dans de nombreuses figures de style courantes depuis des siècles. Dans la langue anglaise, dire de quelqu'un qu'il est « as grey as a badger » ou « as a goose » (gris comme un blaireau ou une oie) signifie généralement qu'il commence à se faire vieux. Une « éminence grise » décrit un conseiller qui, dans l'ombre, exerce une grande influence; cette expression tirerait son origine d'un certain Père Joseph (1577-1638), un moine capucin qui influençait en coulisse la politique du Cardinal Richelieu. La « matière grise », quant à elle, désigne le cerveau et, par extension, les facultés mentales, le pouvoir de la logique et le sens commun. L'expression « marché gris », utilisée lors de la Seconde Guerre mondiale, référait à une légère infraction au règlement relatif au rationnement, qui n'était pas suffisamment grave pour relever du « marché noir ».

● *Les habits de moines sont souvent de couleur grise.*

Le noir et blanc

Il n'est pas facile de considérer le noir et le blanc comme des couleurs individuelles car ils sont inextricablement liés sur le plan symbolique. On ne peut comprendre ces opposés qu'en les mettant en contraste. En bref, le blanc est tout ce que le noir n'est pas, et vice versa.

● *Sur le plan symbolique, le noir et le blanc sont intimement liés.*

Le symbole le plus connu associé au noir et blanc est celui du taï chi, ou symbole yin-yang de la Chine ancienne. Dans ce cercle, le noir représente le yin – féminin, froid, passif et obscur – tandis que le blanc symbolise le yang – masculin, chaud, actif et lumineux. En Occident, aucun symbolisme astrologique n'est associé au noir ni au blanc, si ce n'est qu'ils représentent la nuit et le jour.

Utilisation du noir et blanc en décoration

En décoration, le noir et le blanc sont considérés comme des non-couleurs. Combinés, ils forment une association dont le contraste est des plus frappants. Cette attrayante combinaison fait partie de l'histoire de la décoration, que ce soit dans les motifs pour tissus et recouvrements muraux ou dans toutes sortes d'éléments décoratifs.

● *La combinaison du noir et du blanc est très populaire en décoration et en design.*

Combinés avec n'importe laquelle des couleurs de la roue chroma-

tique, le blanc et le noir permettent au décorateur de créer une gamme étendue de couleurs. L'ajout de noir à une couleur donne une « nuance » de la couleur originale, l'addition de blanc produit une « teinte », tandis que l'ajout de noir et de blanc crée un « ton ». Lorsqu'on ajoute du noir et du blanc, ou du gris, à une couleur, on l'atténue et celle-ci perd une grande partie de sa force originale.

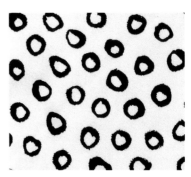

● *En décoration, le mariage du noir et du blanc peut être saisissant.*

Une pièce entièrement décorée de noir et de blanc peut être des plus frappantes. Elle risque cependant de sembler dure et inconfortable. Il est donc préférable de réserver cette combinaison aux pièces auxquelles on veut donner un effet saisissant.

● *Une trop forte présence du noir et du blanc peut être lourde.*

● *L'argenterie et le verre ajoutent une note de prestige à l'agencement du noir et du blanc.*

L'ajout de gris ou d'argent au noir et blanc donne une combinaison de couleurs très réussie et plus clémente. Cet agencement est associé aux intérieurs de style Art déco des années 1930, qui inscrit avec bonheur des motifs et dessins géométriques dans ces non-couleurs

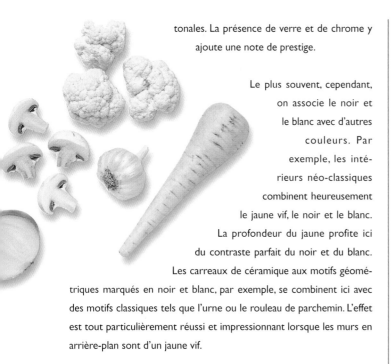

tonales. La présence de verre et de chrome y ajoute une note de prestige.

Le plus souvent, cependant, on associe le noir et le blanc avec d'autres couleurs. Par exemple, les intérieurs néo-classiques combinent heureusement le jaune vif, le noir et le blanc. La profondeur du jaune profite ici du contraste parfait du noir et du blanc. Les carreaux de céramique aux motifs géométriques marqués en noir et blanc, par exemple, se combinent ici avec des motifs classiques tels que l'urne ou le rouleau de parchemin. L'effet est tout particulièrement réussi et impressionnant lorsque les murs en arrière-plan sont d'un jaune vif.

Les décorateurs victoriens utilisaient aussi volontiers des motifs géométriques en noir et blanc. Leur style éclectique incorporait souvent des éléments tels qu'un carrelage et des carreaux de céramique en noir et blanc.

L'introduction de blanc permet de faire ressortir un agencement de couleurs. L'association du blanc à du crème, par exemple, fait paraître le crème plus riche, et le blanc plus éclatant. Le contraste offert par le blanc permet de mettre en valeur le caractère de la couleur choisie et d'en accentuer la profondeur.

Le blanc réfléchit la lumière et donne ainsi une impression d'éloignement. C'est pourquoi une pièce décorée avec des couleurs auxquelles on a ajouté du blanc semble toujours plus spacieuse que lorsque des nuances plus foncées des mêmes couleurs sont utilisées. Le blanc réfléchit la lumière tandis que le noir l'absorbe; ils ont donc un effet opposé sur une couleur ainsi que sur la perception de l'espace.

Le noir peut ajouter de la personnalité à une pièce : recourez-y pour souligner ou mettre en valeur cer-

● *L'association du noir et du blanc à des nuances et des matériaux neutres a un effet relaxant et moderne.*

tains éléments en les faisant ressortir sur un fond coloré ou à motifs. Vous pouvez également l'utiliser pour définir un espace ou une forme au sein d'une pièce.

La valeur tonale obtenue par l'ajout de noir et de blanc à une couleur peut aider à masquer la forme désagréable d'une pièce. Il s'agit là d'un des outils les plus précieux du décorateur d'intérieurs. Comprendre l'effet qu'un ton peut avoir sur un lieu permet d'en transformer le look.

● *Rose cent-feuilles blanche*

chapitre 6 Les couleurs des pierres et métaux

Un livre sur la couleur ne serait pas complet sans qu'il y soit fait mention des pierres et des métaux. Depuis les temps anciens, les pierres sont considérées comme des manifestations physiques de la couleur. Ces pierres et métaux ont revêtu les attributs de la couleur qu'ils arborent et sont souvent utilisés comme amulettes et talismans, que ce soit pour éloigner le mal ou pour attirer la santé et la chance.

Les pierres

L'améthyste

Du lilas tendre au pourpre en passant par le mauve

L'améthyste est une variété de quartz qui renforce les systèmes endocrinien et immunitaire. Cette pierre favorise l'activité de l'hémisphère droit du cerveau et stimule l'épiphyse et l'hypophyse. Elle donne de l'énergie à l'organisme et aide à purifier le sang. L'améthyste est également utile dans les cas de troubles mentaux, contribuant à faire la distinction entre réalité et illusion. Elle aide l'individu à maîtriser ses émotions inférieures et à accroître ses capacités; elle est particulièrement utile à ceux qui souhaitent développer leur dons de médiumnité et de clairvoyance. On l'associe à la guérison, à l'amour divin, à l'inspiration ainsi qu'à l'intuition, et elle est en résonance avec le chakra du troisième œil et le chakra coronal.

Le lapis-lazuli

Bleu foncé

Cette pierre renforce les os, stimule la thyroïde et aide à libérer la tension et l'anxiété. Elle favorise la force, la vitalité et l'énergie mais ouvre également les centres de perception métapsychique et facilite la communication avec notre conscience supérieure. Cette pierre est en résonance avec le chakra du troisième œil et le chakra de la gorge.

Le saphir

Bleu

Le saphir renforce le cœur et les reins et active l'hypophyse. Il favorise les dons de voyance, la clarté d'esprit et l'inspiration. Cette pierre stimule également la créativité, la loyauté et l'amour, et dissipe la confusion. Elle est également un précieux allié pour la méditation. Le saphir est en résonance avec le chakra du troisième œil et le chakra de la gorge.

La turquoise

Turquoise

Cette pierre tonifie l'organisme, favorise la régénération des tissus et améliore la circulation sanguine. Elle renforce également les poumons et le système respiratoire. La turquoise prédispose à la méditation, la paix intérieure et l'équilibre émotionnel. Elle attire aussi l'amitié et la loyauté. Cette pierre est en résonance avec le chakra de la gorge.

L'aigue-marine

Bleu-vert

Cette pierre africaine est une variété de béryl d'un bleu-vert. Elle calme les nerfs et renforce les organes internes tels que le foie, la rate et la thyroïde. Elle est réputée réduire la rétention d'eau dans les tissus. L'aigue-marine encourage la créativité; sur le plan mental, elle élimine les peurs et les phobies, apaise, et équilibre l'esprit. Elle favorise l'inspiration, la paix, le calme et l'amour. Elle est en résonance avec le chakra de la gorge et le chakra du plexus solaire.

L'agate

Du vert tendre au bleu pâle

L'agate est une variété de calcédoine aux couleurs variées. L'agate vert tendre ou bleu pâle tonifie et renforce le corps et l'esprit, et infuse force et courage. Le port de l'agate aide à voir la vérité au cœur d'une situation et à accepter le cours des choses. Elle est considérée comme une puissante pierre guérisseuse et énergisante. L'agate est en résonance avec le chakra du cœur.

● *Agate dentelle bleue*

L'émeraude

Vert

L'émeraude est une variété de béryl plus précieuse que le diamant. Cette pierre tonifiante renforce le cœur, le foie, les reins, le système immunitaire et le système nerveux. Elle favorise les rêves, la méditation et l'intuition spirituelle. Elle encourage l'amour, la bonté, l'équilibre, la guérison et la patience. Cette pierre est en résonance avec les chakras du cœur et du plexus solaire.

La citrine

Jaune

La citrine est une variété de quartz qui a des effets particulièrement bénéfiques sur les reins, le côlon, le foie, la vésicule biliaire, les organes de la digestion et le cœur. Elle élimine les toxines des corps physique, émotionnel et mental et améliore la capacité d'autoguérison du corps. La citrine permet de réduire les tendances autodestructrices et d'améliorer l'estime de soi; elle favorise l'optimisme, l'espoir et la légèreté du cœur. Elle attire également à soi argent, biens et abondance. Cette pierre chaude et énergisante est en résonance avec l'ombilic et le chakra coronal.

L'ambre

Jaune ou doré

L'ambre n'est pas une pierre mais une résine fossilisée issue de pins préhistoriques. Il a un effet thérapeutique, apaisant et harmonisant sur le système endocrinien, la rate et le cœur. Il favorise l'idéalisme et la capacité d'agir ou de donner sans rien attendre en retour. Il aide également à créer un lien avec ses guides spirituels. L'ambre est en résonance avec l'ombilic, le chakra du plexus solaire et le chakra coronal.

La cornaline

Orange

Variété de calcédoine, la cornaline est une pierre guérisseuse qui améliore la circulation sanguine. Elle renforce les reins, les poumons, le foie, la vésicule biliaire et le pancréas et favorise la régénération des tissus. La cornaline stimule les parties physique, émotionnelle et mentale du cerveau et aligne les corps physique et éthérique (ou spirituel). Elle favorise une meilleure connaissance de soi et améliore la concentration. Les énergies réconfortantes, joyeuses et sociables de cette pierre ouvrent le cœur à l'amour. La cornaline est en résonance avec l'ombilic, le chakra du plexus solaire et le chakra du cœur.

Le jaspe

Rouge orange

Le jaspe est une variété de calcédoine. Il renforce le foie, la vésicule biliaire et la vessie, et est considéré comme une excellente pierre guérisseuse du corps physique. Il est en résonance avec les deux chakras inférieurs.

Le grenat

Rouge foncé

Le grenat renforce, purifie, revitalise et régénère l'organisme et le flux sanguin, et stimule l'hypophyse. Il apporte amour et compassion et favorise l'imagination. Le grenat est en résonance avec le chakra racine.

Le rubis

Rouge

Le rubis renforce le cœur et la circulation et a un effet revitalisant sur tout le système. Il stimule les fonctions cérébrales et soulage la dépression tout en favorisant l'inspiration. Cette pierre puissante stimule la clairvoyance et dissout les couches de négativité afin de rapprocher l'individu de son moi supérieur et de ses guides spirituels. Cette excellente pierre guérisseuse est en résonance avec l'ensemble des chakras.

Autres couleurs

Le diamant

Blanc

Il existe des diamants de différentes couleurs mais le plus courant est le blanc. Cette pierre précieuse améliore le fonctionnement du cerveau et aligne les os crâniens. Il s'agit d'un puissant guérisseur qui dissout les pensées négatives et stimule âme, corps et esprit. Il représente l'innocence, la pureté et la fidélité, et attire argent et biens. Le diamant blanc est en résonance avec l'ensemble des chakras.

La pierre de lune

Blanc

La pierre de lune guérit les troubles d'estomac et stimule la rate, le pancréas et l'hypophyse. Elle nettoie le système lymphatique et réduit l'anxiété et le stress. Elle soulage les maux de la femme et est utile lors de l'accouchement. La pierre de lune stabilise les émotions, prévient les réactions excessives et favorise la souplesse. Elle est en résonance avec le chakra du cœur.

L'obsidienne
Noir

L'obsidienne améliore le fonctionnement des intestins et de l'estomac, et favorise la connexion entre l'esprit et les émotions. Elle absorbe l'énergie négative et réduit le stress tout en aidant à éliminer les blocages inconscients. Elle favorise la quiétude et dissout la peur du silence et de la solitude. Elle encourage également le détachement empreint de sagesse et d'amour. L'obsidienne est en résonance avec le chakra racine.

L'onyx
Noir

L'onyx est une variété de calcédoine et se présente en plusieurs couleurs. L'onyx noir équilibre les polarités masculine et féminine et renforce la moelle des os. Il favorise le détachement, l'équilibre et la maîtrise de soi. Cette pierre stimule également l'inspiration et la créativité. L'onyx noir est en résonance avec le chakra racine.

Le quartz rose
Rose

Le quartz rose stimule les reins et la circulation, améliore la fertilité et atténue les déséquilibres sexuels ou émotionnels. Il aide à dissiper les émotions négatives telles que la colère et le ressentiment, la culpabilité, la peur et la jalousie; il réduit le stress, la tension et les sautes d'humeur. Cette pierre renforce la confiance en soi et la créativité et favorise le pardon, la compassion et l'amour. Le quartz rose est en résonance avec le chakra du cœur.

Les métaux

Le cuivre

Le cuivre a un effet bénéfique sur la circulation sanguine, donne de l'énergie et accroît l'estime de soi. Il aide à éliminer les toxines et à aligner les aspects physiques et émotionnels. Il favorise la récupération en cas d'épuisement et améliore les performances sexuelles. Ce puissant conducteur d'énergie soulage les douleurs dues au rhumatisme. Ce métal apporte une énergie masculine tonifiante.

L'or

L'or purifie le corps physique, améliore la circulation et renforce le système nerveux. Il équilibre les hémisphères du cerveau et favorise la régénération cellulaire. L'or attire l'énergie positive dans l'aura et encourage la pensée claire ou inspirée. Ce métal est en résonance avec l'ombilic, le chakra du cœur et le chakra coronal.

L'argent

L'argent améliore les fonctions mentales, la circulation et renforce le sang, l'épiphyse et l'hypophyse. Ce métal dissout le stress, favorise l'équilibre émotionnel et améliore la communication. L'argent confère une énergie féminine qui adoucit.

Index

Index

Remerciements

Bibliographie

Colour Healing	Vivian Verner-Bonds	Hermes House	2000
Auras	Sarah Bartlett	Collins and Brown	2000
Feng Shui From Scratch	Jonathan Dee	D&S	2000
Dictionary of Phrase and Fable		Wordsworth	1995
Sun Signs	Sasha Fenton	Thorsons	1992
An Illustrated Encyclopaedia of Traditional Symbols		J.C.Cooper	1978

Crédits

Images pp. 6bg, 6hd, 7hg, 7hd, 7bd, 8hg, 8bg, 9bg, 9bd, 10, 12bg, 12d, 13cg, 13bg, 13hd, 14cg, 14bd, 15hd, 15cd, 16h, 31c, 36hd, 42hg, 43h, 46bg, 46hd, 47bg, 47hd, 52bg, 59bg, 59hd, 70bg, 71cg, 75h, 80hd, 80b, 82hg, 91bg, 93hd, 98bg, 98hd, 99bg, 100hg, 100bd © Stockbyte

Illustrations pp. 18-19, et 47cb de Pauline Cherrett

Peinture (ange) p. 90 de Peter Mallison

(h = haut, b = bas, g = gauche, d = droite et c = centre)